高校生レストランまごの店

おいしい和食のキホン

村林新吾・相可高校調理クラブ 著

岩波ジュニア新書 800

はじめに

高校生レストラン「まごの店」は、三重県多気町《たきちょう》にあります。将来調理師になる高校生が運営する、本格的な和食の店です。その店でつくる秘伝《ひでん》の味を、読者のみなさんに披露します。

秘伝といっても？　じつは、昔から伝わる料理の基本を、高校生たちが忠実に習い、仕込んでつくった料理が「まごの店」の料理なのです。プロの技、直伝《じきでん》とはいえ、なにも難しくなく、誰でもおいしくつくれる料理のポイントを、相可《おうか》高校流に書きあげました。

若き料理人、調理クラブ員が創作力を高めるため、弁当つくりにも挑戦しました。これはすばらしいけれど、ちょっと難しいかもしれません。忙しい朝などにつくれば、ぜったいに学校には遅刻です。でも、料理は、楽しく心をこめてつくってください。私は、この弁当を食べたら、おなかも心も幸せでいっぱいになりました。

いよっ！　僕の教え子、日本一！

村林新吾

「まごの店」とは

野外レジャー施設「五桂池ふるさと村」(三重県多気郡多気町五桂956)にあるレストランで、相可高校食物調理科の生徒のための研修施設。運営は調理クラブ員がおこなっています。

2002年10月、「ふるさと村」内にある農産物直売施設「おばあちゃんの店」の向かいに屋台のような店ができました。そのため、「まごの店」と名づけられ、調理クラブが調理した食べ物を販売したのがはじまりです。これが人気を博し、2005年2月に現在のレストランが完成して、いまにいたっています。

レストランの開店は、土曜・日曜・祝日のみです。

目次

はじめに

写真＝岩尾克治／イラスト＝寺井彩花

「まごの店」で出している「花御膳」

1
「まごの店」こだわりの基本

「まごの店」の基本中の基本は、だしです。だしをしっかりとることが、もっとも大切なことだと生徒たちには教えています。1章では、だしのとり方を、一番だし、煮干しだし、うどんのだしについて紹介し、さらに、ごはんの炊き方、味噌汁と吸い物のつくり方を基本として紹介します。これらは、あくまでも和食の基本としてのていねいな方法です。だしについては、簡便な方法もあることを書き添えておきます。

❖一番だし

私は関西で料理を習ったので、「まごの店」の料理の味つけは、コンブとカツオぶしのうま味が基本になっています。化学調味料に頼らず、自然な味を求めているのです。そして、すべての食材はそれぞれ別の味つけにしています。それらを盛りつけた後、蒸し器で温めています。食材によって味がちがうので、家庭では、別々の鍋で温めなおして出すと、おいしく食べられます。

❖煮干しだし

煮干しだしは、カルシウムをたっぷり含んだ、体にやさしいだしです。欠点は生臭《なまぐさ》みが出ることで、その生臭みをうま味にするため、味の濃い味噌汁などに使っています。

❖うどんのだし

うどんのだしは、多くの材料でつくります。一番だしに、ウルメぶしやサバぶしを加え、さらにカツオぶしも加えますから、いろいろな味が混じっただしになります。このうちで、サバぶしはコクを出すはたらきがあります。

❖味噌汁

味噌汁のだしは、煮干しだしです。田舎味噌には、米味噌と麦味噌があり、どちらも麴《こうじ》をたっぷり使っているので、コクがあります。しかし、麴臭さも感じやすいので、臭みを抜くために、沸騰《ふっとう》させて盛りつけます。赤味噌は、豆味噌で、その香りを楽しむために、ひと煮立ちしたらすぐに火を止め、盛りつけます。

❖吸い物

一番だしに、まず塩で味つけをし、薄口しょうゆで味と香りをつけます。これを「吸い地」といい、吸い物の汁そのものです。薄口しょうゆは、煮ていると香りが飛んでしまうため、食べる直前に入れます。

1.1 一番だしをとる

5

6

7

8

9

10

① 水1ℓに対して、だしコンブ15g、カツオぶし25gを用意する

② 鍋に水とコンブを入れ、中火で火にかける

③ 途中、コンブの硬さをみる。柔らかければ、だしが出ている

④ 沸騰直前にかならずコンブを引き上げる（煮こむとコンブ臭さが出るので）

⑤ 沸騰をおさえるため、80mlのさし水をする

⑥ カツオぶしをまんべんなくほぐしながら、一気に入れる

⑦ 10秒ほどさっと煮る。途中濁《にご》るが、混ぜたりしないように

⑧ こし器やザルの上にふきんやペーパータオルをのせ、そこに鍋からカツオぶしの入っただし汁を流し、だし汁だけを下の鍋にこしとる

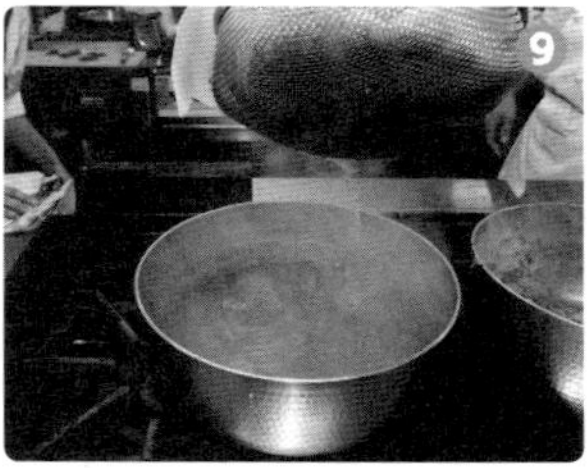

⑨ 吸い物に使うときは、カツオぶしを絞らない（臭みが出ないように）

⑩ おいしい一番だしのできあがり

ポイント

コンブを沸騰させると、コンブ臭さが強くなるので、沸騰直前にコンブを引き上げ、カツオぶし（花がつお）を入れ、やさしくこす。

1.2 煮干しだしをつくる

5

6

7

❶ 水1ℓに対して、だしコンブ15g、煮干し25gを入れ、火にかける

❷ 中火でゆっくり温度を上げ、煮干しの味をしっかり出す

❸ しばらく静かに煮る。火力が強ければ調整し、10分ほどで沸騰する火加減にする

❹ コンブだけ沸騰直前に引き上げる(煮こむとコンブ臭さが出るので)

❺ 弱火にして3分ほどやさしく沸騰させ、煮干しの味をしっかり出す

❻ こし器やザルと、ふきんやペーパータオルを使って、煮干しがだし汁に入らないようにこす

❼ 味噌汁にあう煮干しだしのできあがり。魚臭さが気になる人は、煮干しの頭と腹をとって、だしをとる方法もある

ポイント

コンブと煮干しは、水から入れて煮出す。沸騰直前にコンブだけ引き上げ、煮干しの味を出すため少し煮るのが、おいしい煮干しだしをつくるコツ。

1.3 うどんのだしをつくる

5

6

7

8

9

10

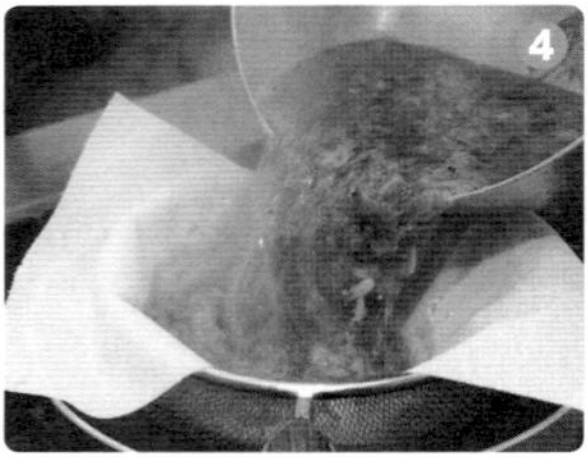

1. 一番だしにウルメぶしとサバぶしを入れ、3分ほど煮こむ
2. 仕上げにカツオぶしを入れる。だし汁1ℓに対して、ウルメぶし、サバぶし、カツオぶしの合計が約30gになるようにする
3. 1分ほど煮こみ、アクが出るのでかならずとる
4. 布やペーパータオルで、カツオぶしの粉が入らないようにこす
5. 味つけの調味料
6. みりんから入れる
7. 砂糖、塩を順に入れる
8. 薄口しょうゆを入れる
9. かならず味見をする。うどんの麺《めん》が太いほど味を濃くする
10. 熱々のうどんだし完成

ポイント

うどんにはしっかりした味のだし汁が合う。ウルメぶしやサバぶしを使い、少し沸騰させて味のコクを出すようにする。

1.4 ごはんを炊く

1

2

3

4

5

6

7

8

9

10

1. 炊きたい分量の米を正確に量り、用意する
2. 水を一気に入れ、混ぜる
3. 水をすぐに捨てる。米が流れないように、ザルを用意すると便利
4. はじめ強く擦《す》るように洗い、また水を入れる。白く濁った水を捨て、2回ほどくりかえしすばやく洗う
5. あと3回ほど、米が割れないように、やさしく洗う
6. 米の量にあわせて水を入れ、30分ほど浸けておく(米に吸水させるとおいしく炊ける)
7. 炊飯器のスイッチを入れる(炊飯器の機能説明書を一読しておけば安心)
8. 炊きあがったら、ごはんを一度混ぜておく
9. ふわっと盛りつける

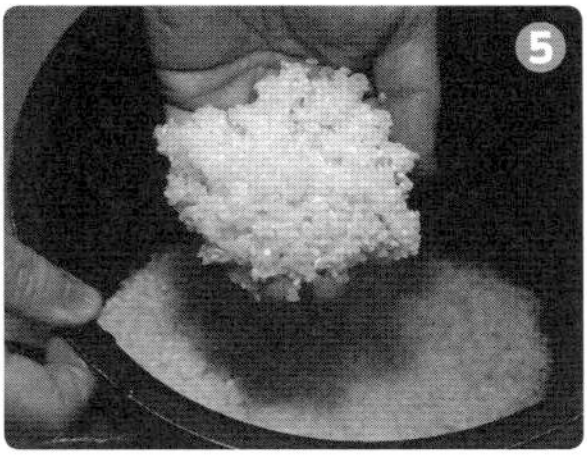

⑩ おいしいごはんのできあがり

ポイント　米はしっかり洗い、かならず30分は吸水させる。

1.5 味噌汁をつくる

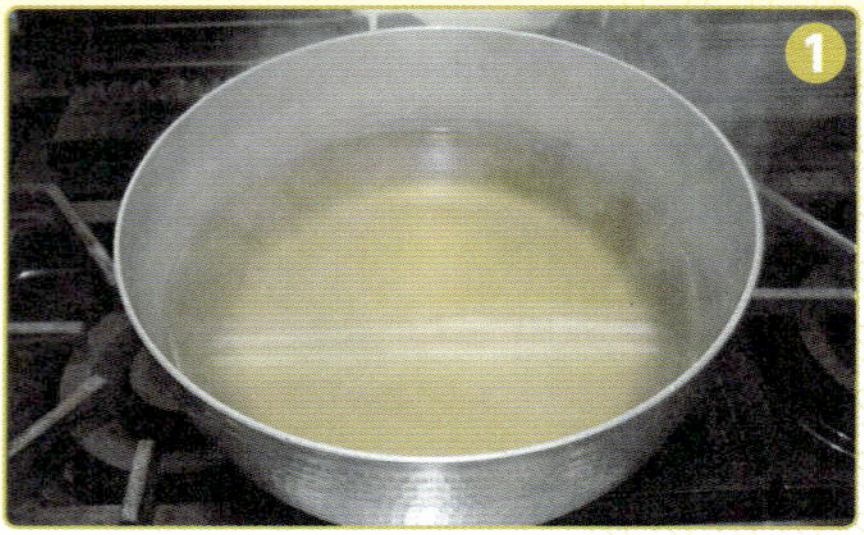

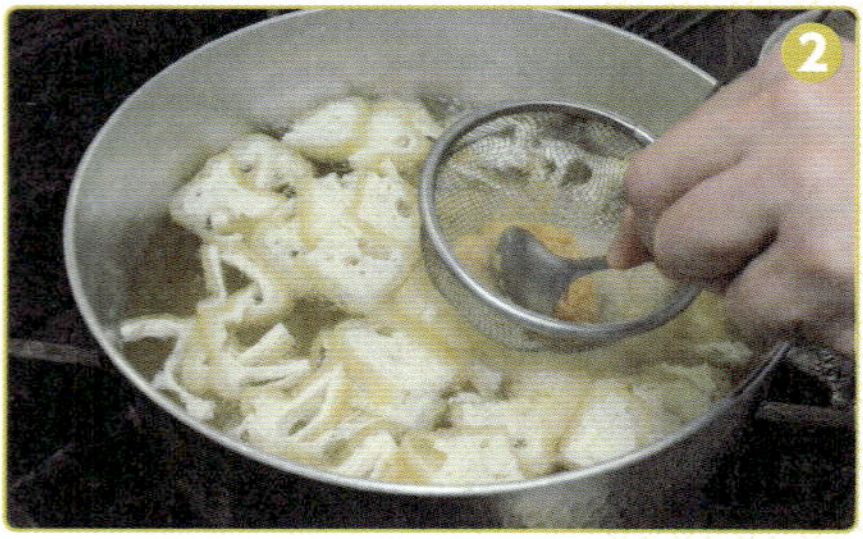

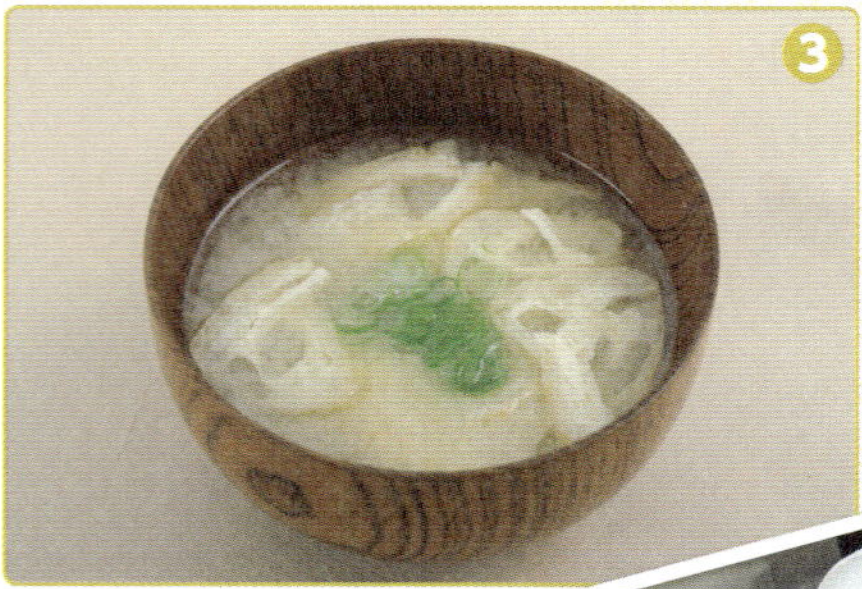

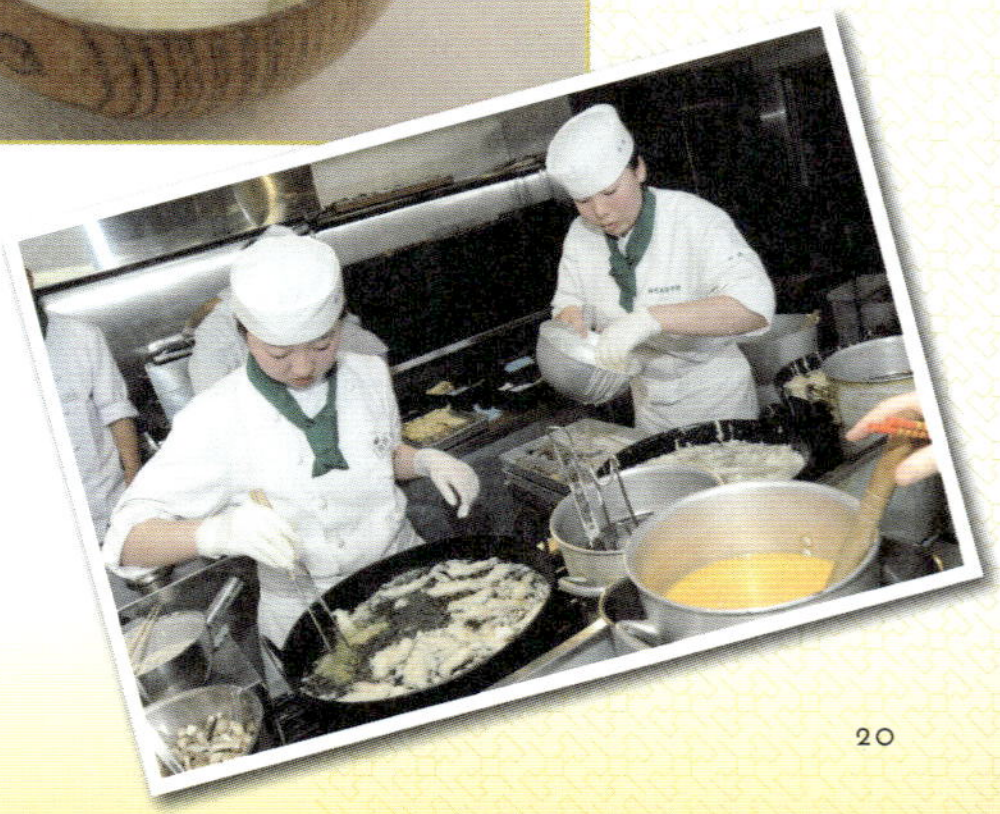

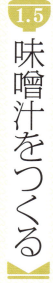

「まごの店」
入口

① 煮干しだし汁を火にかける

◉**田舎味噌汁**

② 具を入れて火を通す。青い野菜は最後に入れる。田舎味噌は味噌の香りが強いので、だし汁に溶いてからしばらく沸騰させる

③ いろいろな野菜を入れて煮るとおいしい。おふくろの味・家庭の味を楽しむ味噌汁です

◉**赤だし味噌汁**

②′ 具を入れ、煮て、赤味噌を溶いたら、すぐに火を止める。赤味噌は香りがいいので、長い時間沸騰させて香りを飛ばすのはダメ

③′ 赤だしは、豆味噌本来の香りと味を楽しむ味噌汁です

ポイント

昔から「手前味噌」ということばがある。自分の家でつくる味噌がいちばんおいしいと自分でほめることのたとえだ。自分でいろいろな味噌をブレンドして、おいしい味噌汁をつくってください。

1.6 吸い物をつくる

5

6

7

8

9

10

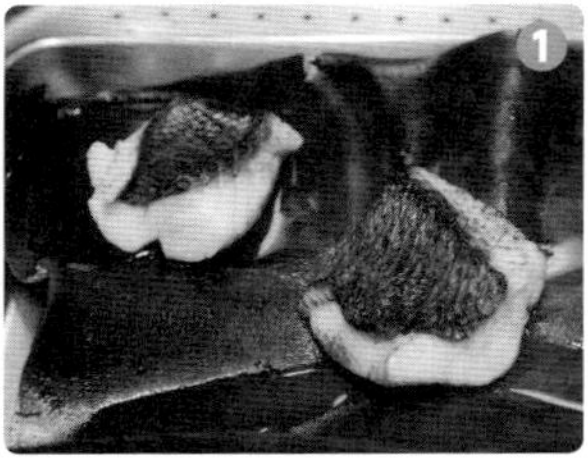

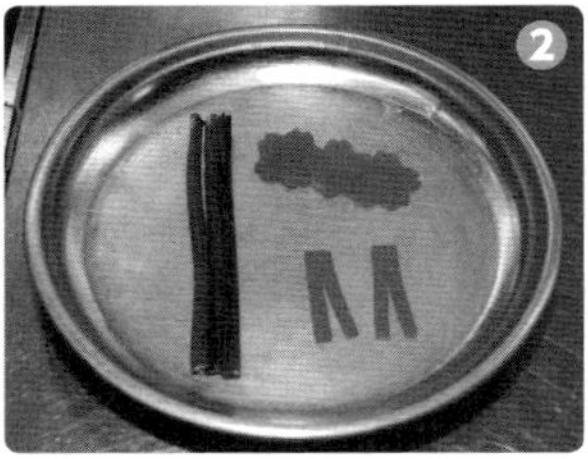

1. タイの皮目に焼き色をつけ、コンブを下に敷き、酒蒸しする
2. ホウレンソウの軸を10㎝ほどの長さに切り、さっと湯がき、水に落とす。ニンジンは薄くむき、型で抜く。さっと湯がき、水に落とす。ユズは松葉に切る
3. 一番だしを火にかけ、沸騰させる
4. 塩で味をつける
5. 薄口しょうゆで味と香りをつける。これが吸《す》い地《じ》(だし汁1ℓに対して、塩3g、薄口しょうゆ6㎖)
6. 吸い地と一番だしを1：1の割合で合わせる。これが吸い地八方《はっぽう》。ここにホウレンソウの軸とニンジンを浸け、下味をつける
7. 椀にタイ、ホウレンソウの軸、ニンジンを盛る
8. ユズを天に盛る
9. 熱々の吸い地をたっぷりはる

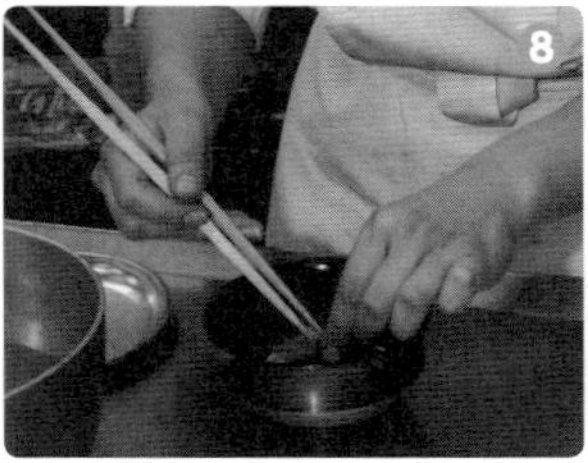

⑩ おいしい吸い物のできあがり

ポイント

具になる椀子《わんこ》、汁の吸い地、香りの吸い口。この三つがおいしい吸い物の決め手。

相可高等学

2 調理のキホン

私は相可高校の調理実習の授業で、どんな基本的な調理方法でも、かならず自らやってみながら説明しています。白板に書いて話をするだけでは、生徒たちに重要なところがつかめないからです。「ここで塩を混ぜこむのがポイントだ」と言いながら、じっさいに目の前で塩を混ぜこみ、「こうすることで、……」などとそうする理由を説明しています。

調理台をとりかこむ生徒たちは、私の手の動きを見つめ、ポイントをノートに書きます。だから、彼らのノートは、調理のポイントがつまった仕事の宝物ノートなのです。1年生のときは、なんでも書きこんで、どこがポイントか判断が難しいぐらいのノートが、時間がたつにつれ、少しパラパラに記述されたページになっていきます。

そうなったら、ノートとりは一人前。あとは、それを自分の手でしっかりと試していき、腕を上げていけばいいのです。私は、生徒たちみんながそうなってくれることを願いながら、実習の授業をしているのです。

ところで、この授業中の生徒たちの「先生の言うこと、することを、ぜんぶつかむぞ!」とでも語っているような姿勢には、いつも驚かされています。私が蛇口《じゃぐち》の前に動けば、みんながザーッと動き、そこで私の一挙手一投足《いっきょしゅいっとうそく》を真剣に見つめ、一言も聞き逃すまいと耳を立てている、そんな彼らには、私としても真剣に教えなくてはいけない、と思いながらの授業なのです。

2.1 ダイコンの下ごしらえ＋ゆでる

3

4

5

6

7

8

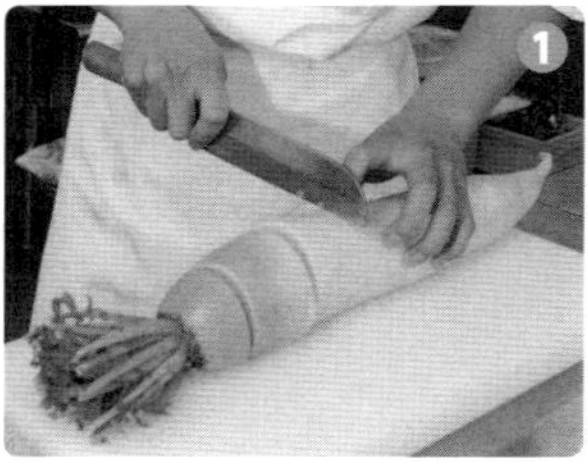

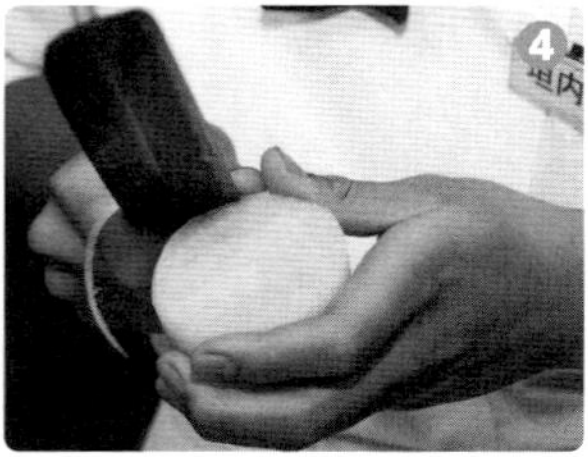

❶ 厚さ5㎝ぐらいに輪切りにする

❷ 皮を厚めにまるくむく。包丁は薄刃包丁

❸ これが皮の部分

❹ 煮くずれないように面取りをする

❺ 表面に切りこみを入れる（これを「隠《かく》し包丁《ぼうちょう》」という）

❻ 米の研ぎ汁に入れて火にかける

❼ 落しぶたをしてゆでる

❽ ダイコンが柔らかくなったかどうかを確かめる。柔らかくなったら、火を止め、ダイコンをとりだして、水にさらす

ポイント 米の研ぎ汁でゆでると、ふっくらと炊きあがる。

隠し包丁とは
食材に切れ目を入れて、火の通りをよくしたり、味がしみこみやすくしたりすること。

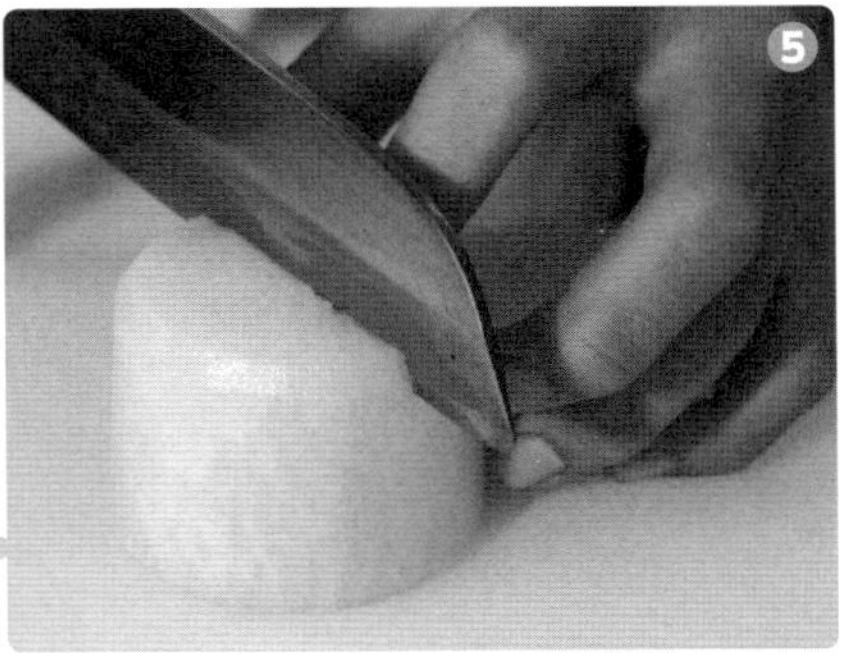

2.2 カボチャの下ごしらえ＋煮る

5

6

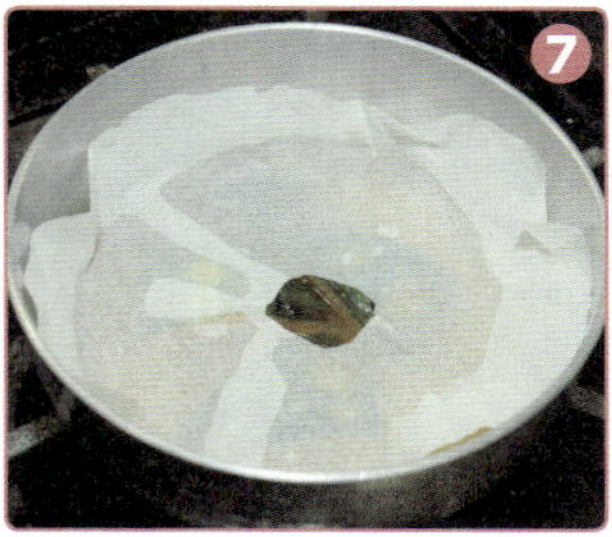
7

8

9

10

11

12

❶ 硬いヘタをとる。包丁の先でえぐるように切りとる

❷ 半分に切って、中の種《たね》をスプーンなどを使ってとりだす。種は食べられないので、ていねいにとる

❸ 食べやすい大きさに切る。盛りつける器にあわせるのがコツ

❹ 皮の角の面取りをする

❺ これを煮る

❻ だし汁にカボチャを入れ、火にかける（これを「直火（じか）炊き」という）

❼ クッキングシートなどで落しぶたをして、ことこと煮る

❽ 柔らかくなったら、調味料を加える。まず、砂糖を入れる

❾ 薄口しょうゆを入れる

クッキングシートの落しぶたづくり

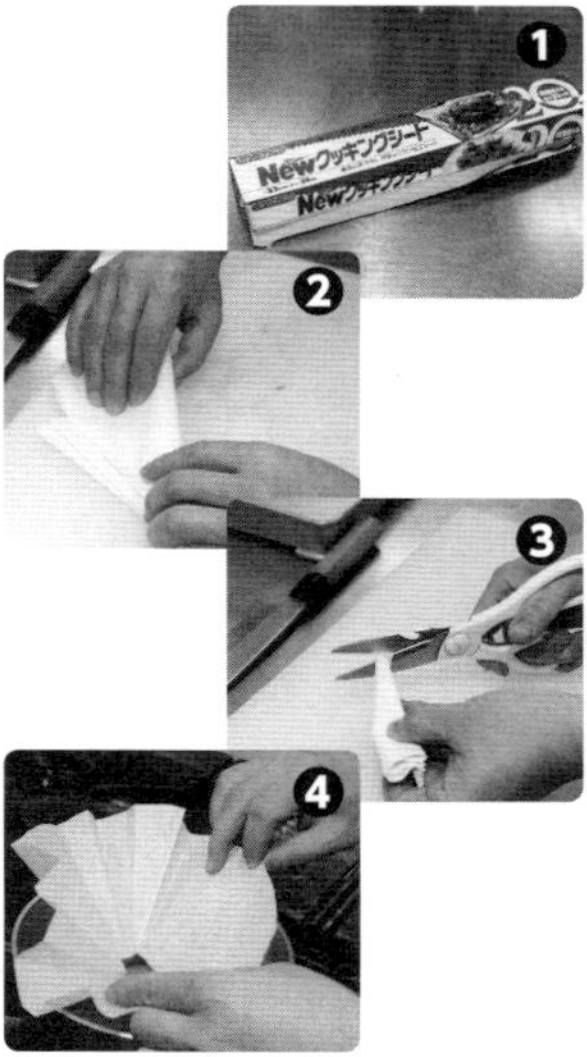

❶正方形くらいに切りとる
❷折りたたんで，中心点の角度を半分にし，さらに半分にしていく
❸中点近くを切りとる
❹広げると落しぶたになる

⑩ 煮くずれしやすいので、弱火でしずかにことこと炊く

⑪ 火を止め、器に皮目《かわめ》を上に盛りつける

⑫ できあがり

ポイント カボチャのようにアクの出ないものは、直火炊きにする。

2.3 コマツナ（小松菜）の下ごしらえ＋ゆでる

5

6

7

1 たっぷりの湯をわかし、塩大さじ1を入れる

2 コマツナをもって、硬い軸だけを湯に浸け、先にゆでる

3 1分ぐらいしたら、全体を湯に浸ける

4 落しぶたをする

5 火が通るまでゆでる

6 火が通ったら、火を止め、鍋の湯を捨てる

7 冷水に浸けて、色止めをする

ポイント かならず冷水に浸ける。青野菜は、色をよくするため、塩ゆでにする。

ミニ知識①　吸い地，吸い地八方(26 ページ参照)

吸い地は，だし汁に塩，しょうゆで薄味をつけたもので，吸い物の汁として使います．

吸い地八方は，吸い地を半分の薄さにしただし汁で，具の下味をつけるのに使います．具のもち味を損なわないように，薄味で味つけするための，プロがよく使う技法です．

2.4 タイを三枚におろす

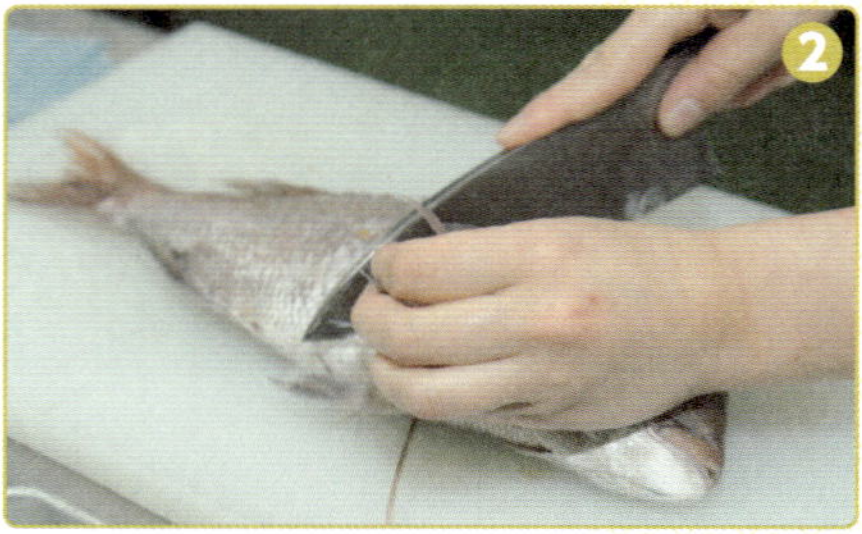

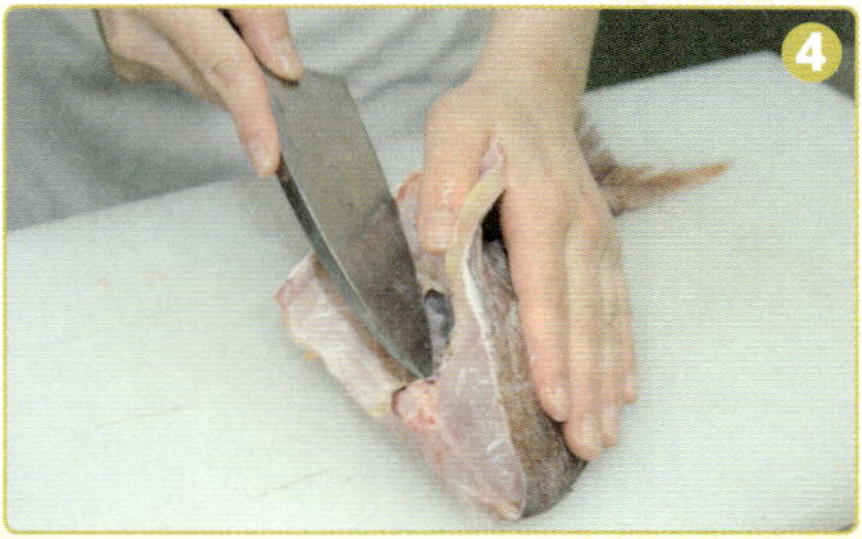

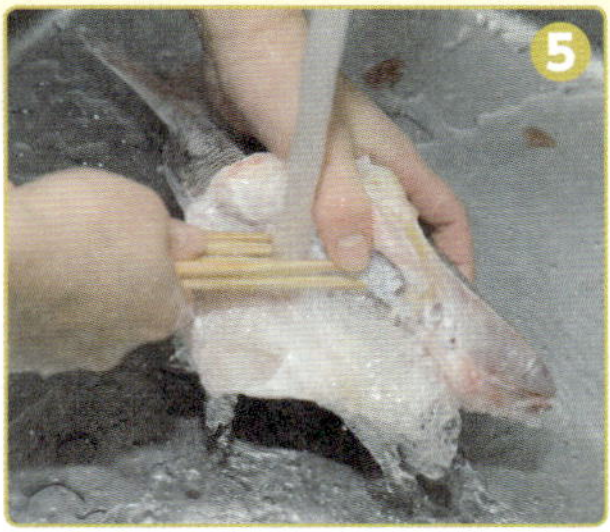

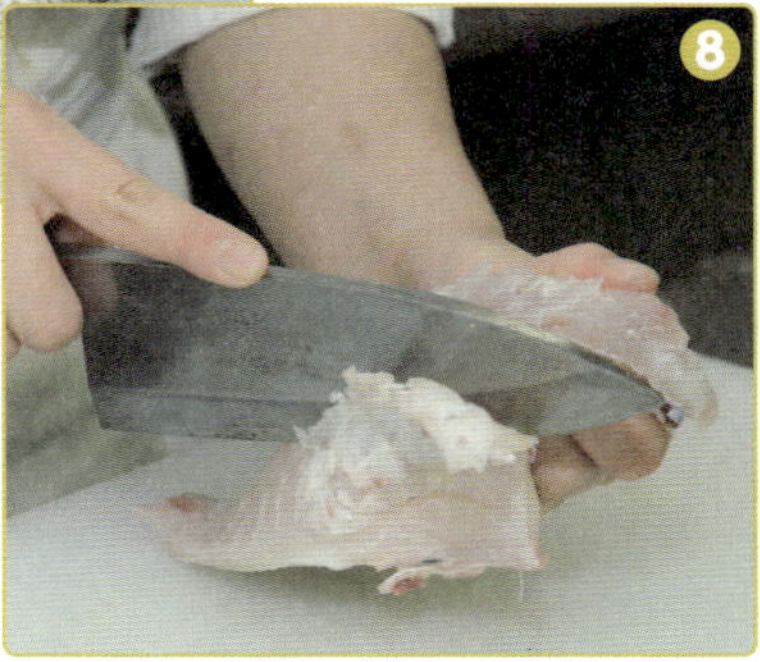

ウロコ引き

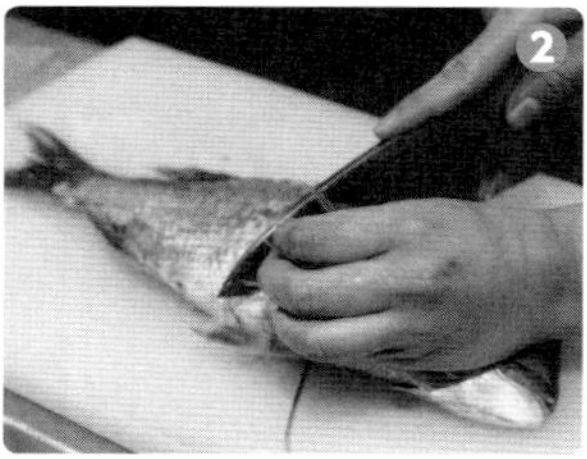

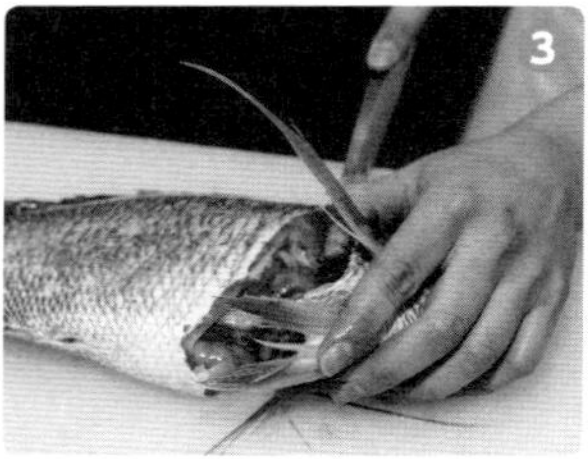

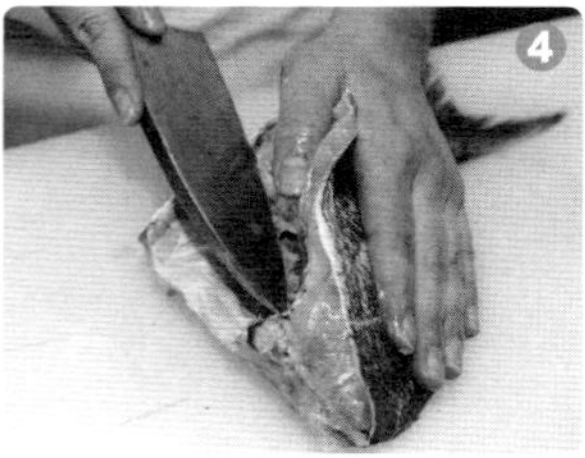

❶ タイと包丁。包丁をまな板におくときは、かならず切るものの奥側に、刃が奥を向くようにおく

❷ ウロコやエラをとる。胸ビレの後ろから包丁を入れる

❸ 頭を切り落とす

❹ おなかを開いて内臓をとる。にが玉をつぶさないようにていねいに

❺ きれいに水洗いして、水分を切っておく

❻ まな板の上にタイをおき、おなかの一方から出刃包丁で一気におろして、片方の身を外す。大きい魚だが、身がしっかり硬いので、腹側から一気におろしても大丈夫です

❼ もう一方の身も切り離す。中骨をまな板につけ、背のほうから一気におろす

❽ 腹骨と血合骨《ちあいぼね》を確実にとる。まず腹骨を切りとり、つぎに血合骨に沿って切りこみを入れ、血合骨をとる

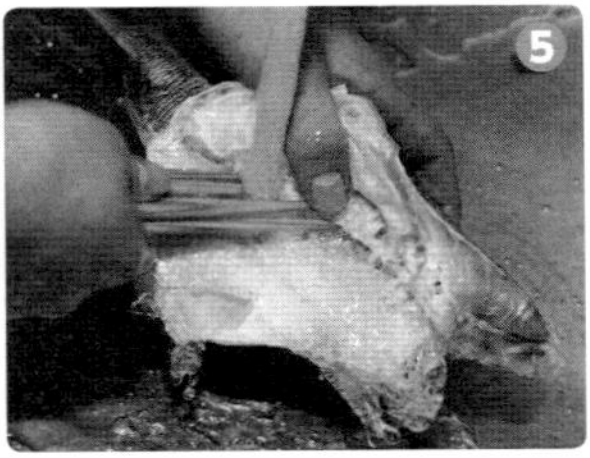

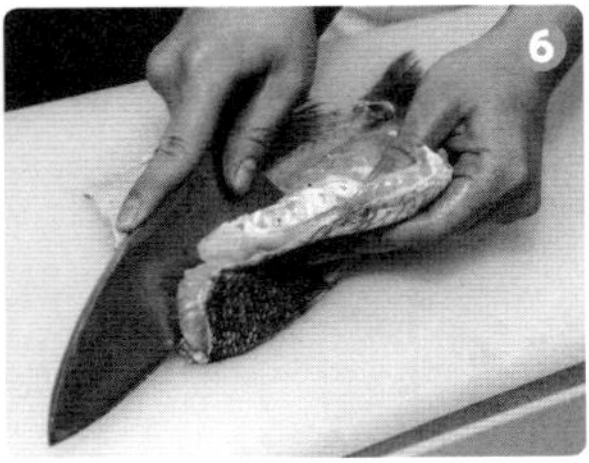

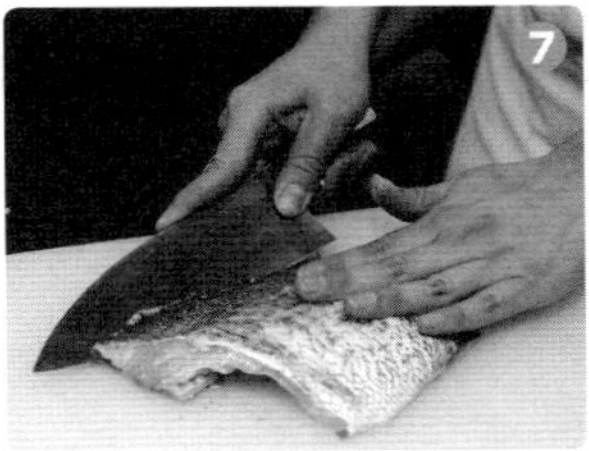

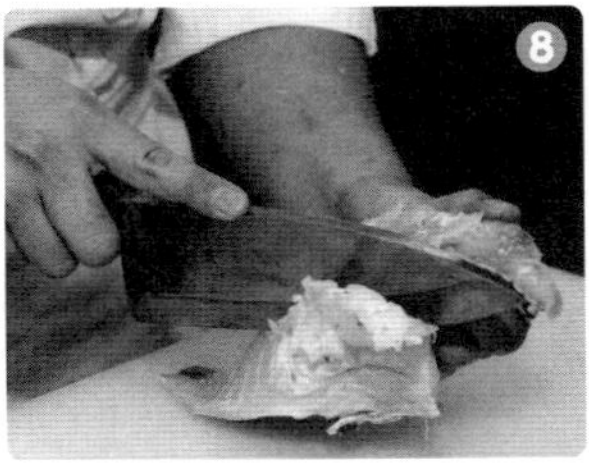

ポイント　きれいに水洗いした後、小骨が残らないように、ていねいに下ごしらえする。

2.5

タイの刺身をつくる

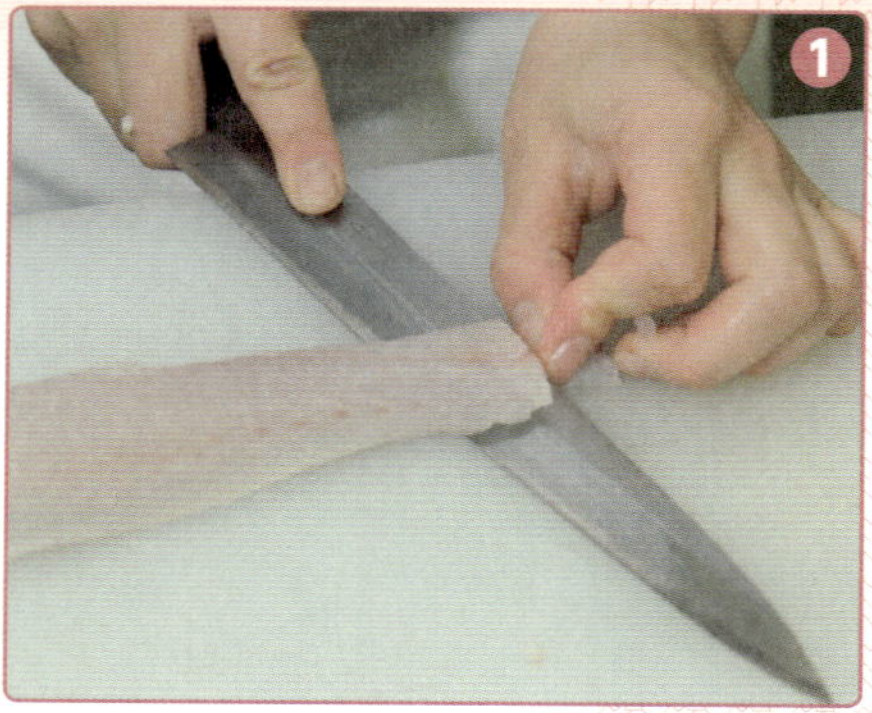

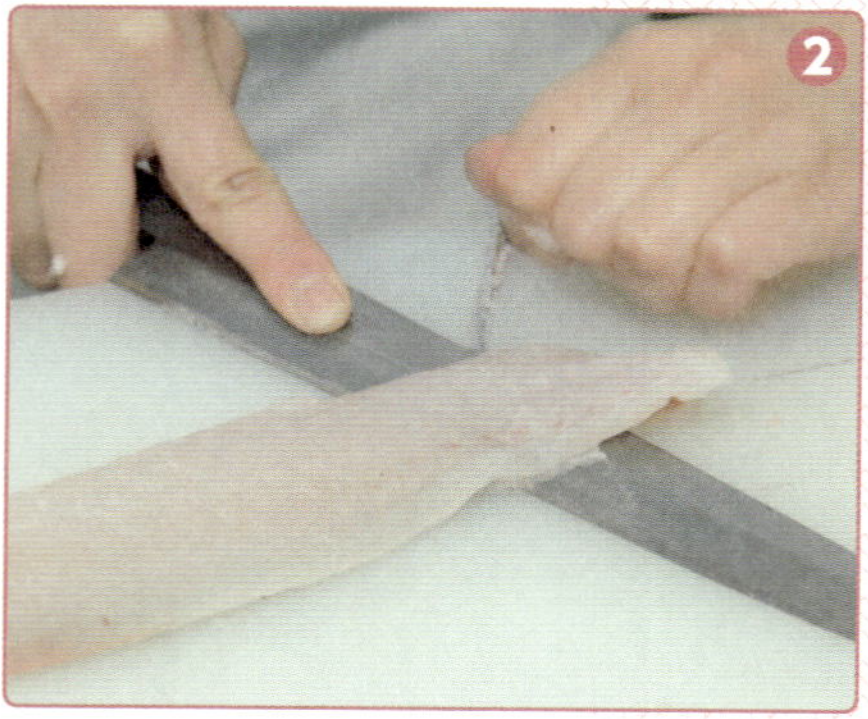

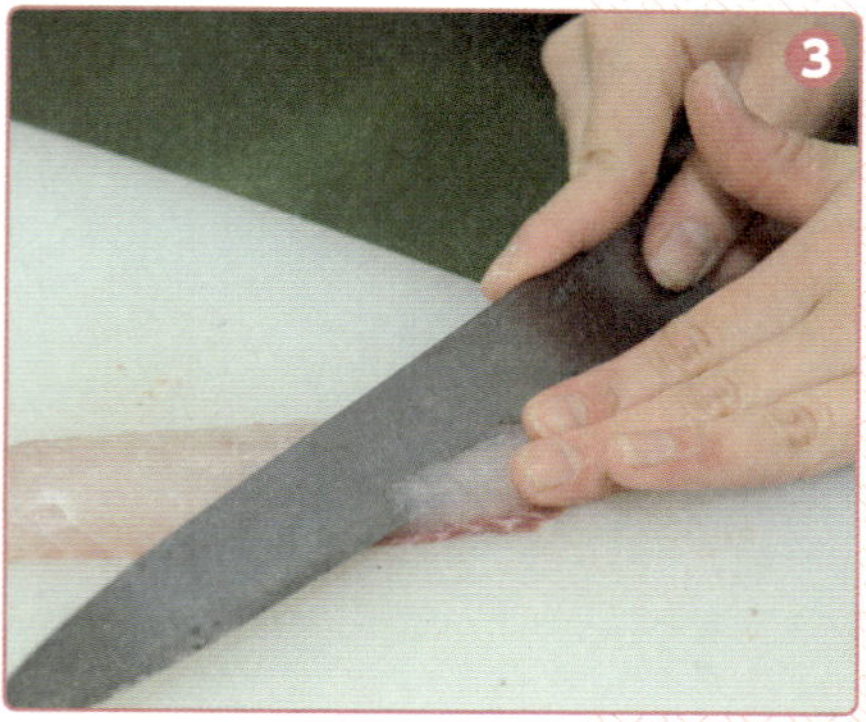

開店直前の「まごの店」内部

❶ まな板に対して皮目を下にして、尾の身をもち、皮と身のあいだに刺身包丁を入れる

❷ 皮だけを引いていく

❸ 斜めに削《そ》ぎ切りにする。一枚一枚同じ大きさに切る

ポイント よく切れる包丁で一気に引いて切る。

私の好きな料理①

淺井結妃《ゆうひ》◉餃子

私の一番好きな料理は，餃子です．餃子は，たくさんの野菜と肉が入っていて，食感も外はパリッとして，中からは肉汁がジュワーッと出できます．調理中の餃子が焼ける音や，香味野菜の香りがしてきて，食欲をそそります．

疲れているときに食べると，元気が出ます．また，つくり方も簡単で，どんな人でもつくることができます．料理は自分でつくって食べることで，よりいっそうおいしさが引き立ちます．

子どもから大人まで食べておいしい，つくって楽しい餃子が，私の一番好きな料理です．

井上拓海《たくみ》◉牛丼

私の好きな料理は，母のつくる牛丼です．

私の親は共働きで，居酒屋を経営しています．なので，子供のころからいっしょに食事をとることがなく，兄弟と祖母との食事がほとんどでした．そんな中，たまにある休みの日を使って，母がつくってくれる料理が牛丼でした．

１ヵ月に１回ほどしか食べられないこの牛丼は，地元伊賀市の肉の横綱とも称される伊賀牛を使い，タマネギなどは使わず，牛肉と白ごはんだけのシンプルな牛丼でした．

私は今高校３年生で，この相可高校食物調理科に通うため，下宿をしています．それでも，たまに家に帰ると，昔のように牛丼をつくって待っていてくれます．

私はこれから調理師見習いとして修業をしていきますが，母の心温まる料理をつくれるよう，日々努力していきたいと思います．

コラム

垣内 翔吏《しょうり》◉「一番だし」を使った料理

僕の好きな料理は，「一番だし」を使った料理です．

一番だしをなぜ選んだかというと，僕は相可高校に入学するまでは日本料理の料理人を目指してはいましたが，一番だしをあまり知らなかったからです．

相可高校に入学してから初めての授業で，一番だしを習いました．そのときに飲んだ，一番だしを使ったお吸い物の味が，衝撃的なおいしさでした．それから，野菜の煮物やお吸い物に使う一番だしが好きになりました．

一番だしは日本料理には欠かせないものなので，日本料理に携わる者として大切にしたいです．

河野貴行《かわのたかゆき》◉日本料理

私は，日本料理が大好きです．食べるとほっとして，落ち着く味です．

なぜ日本料理が好きなのかというと，相可高校が和食を主にしている学校で，先輩方を見ていると料理している姿がとてもかっこよく見えたからです．また，調味料を何種類も使って味つけするので，さまざまな味が楽しめます．そして，細かい作業も多く，技術もたくさん必要です．ほかにも魚をおろしたり，だしをとったりなど，日本料理ならではの技術がたくさんあります．そういった食べるだけでなく，つくるのも大好きです．

これから日本料理の道に進むので，こういった気持ちを大切にして，和食離れしていく日本の人にもっと和食のすばらしさを知ってもらいたいです．

2.6 カツオをおろす

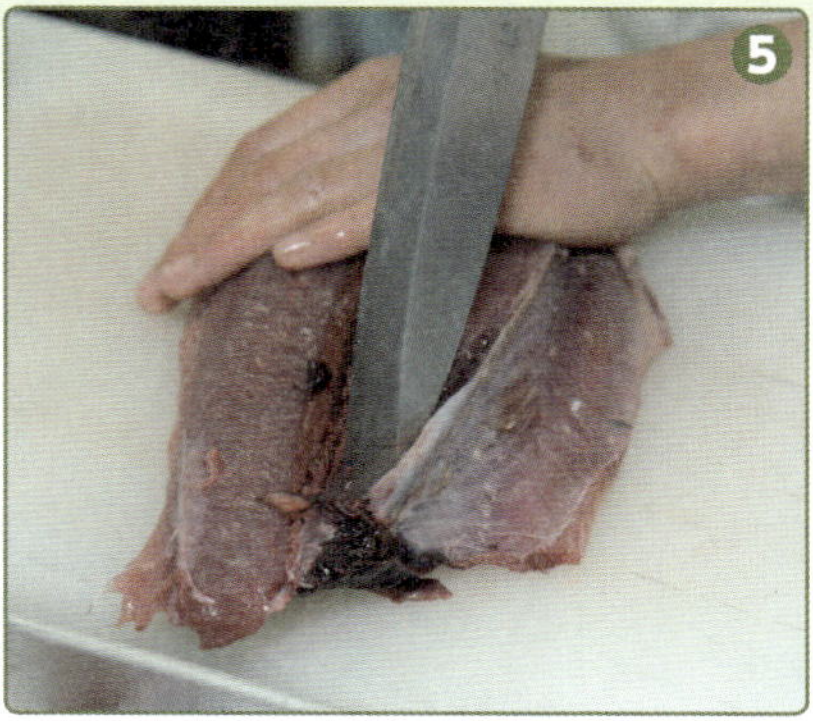
5

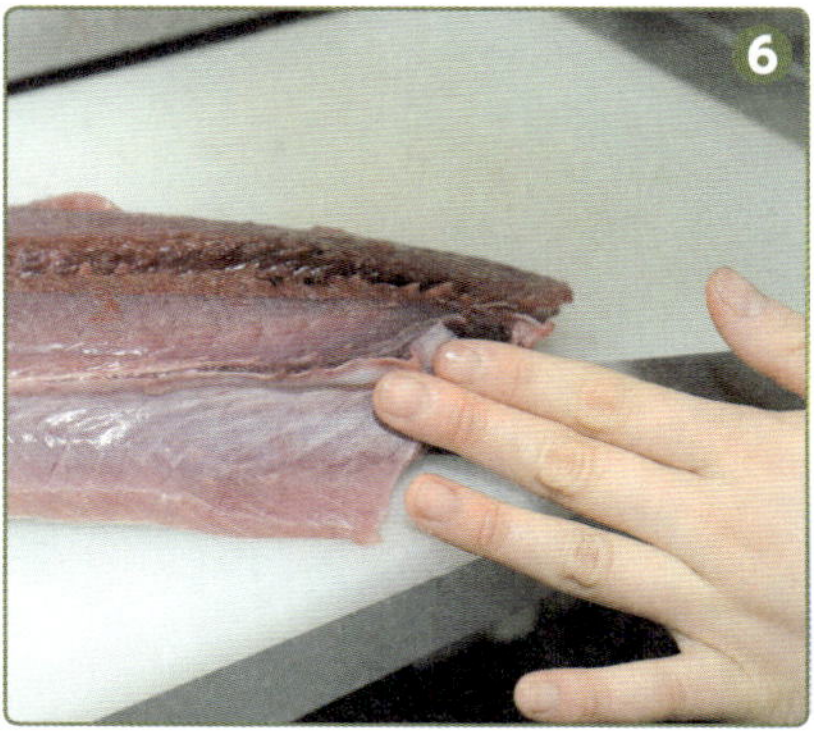
6

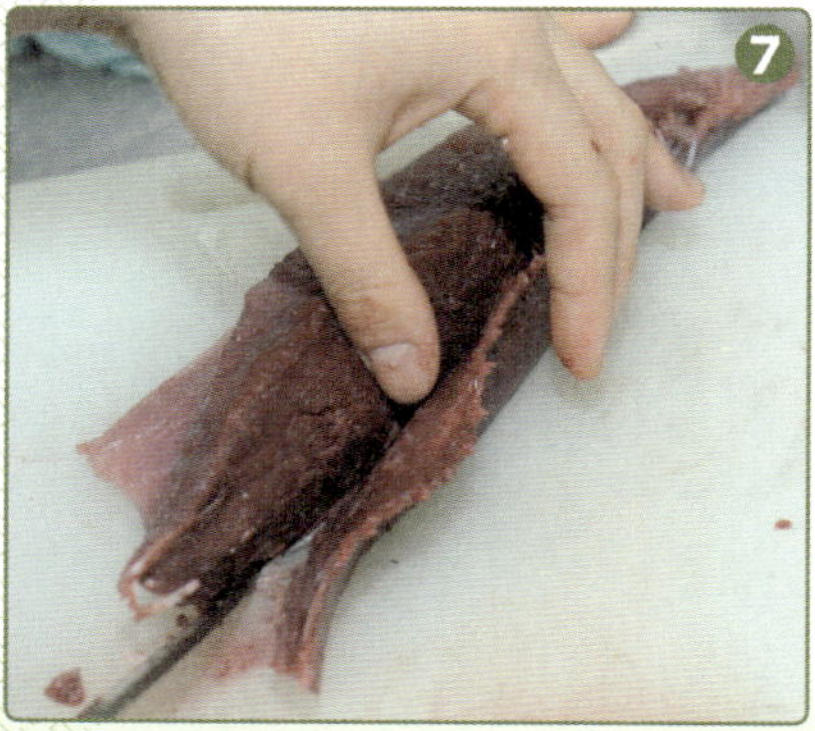
7

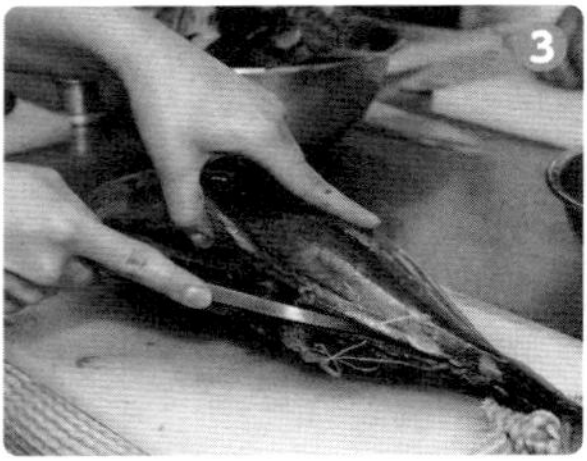

❶ 縦《たて》じまのはっきり見える新鮮なカツオを使う

❷ ウロコのない魚は、表面に硬い皮があるので、こそげとる。さらに、頭を切り落とす

❸ 内臓をとり、水洗いする。カツオの内臓の塩辛《しおから》が酒盗《しゅとう》です

❹ 三枚におろす。身割れしやすいので、ふしおろしにする

❺ 寄生虫がついているときは、かならずとる

❻ 血合が生臭いので、しっかりとる

ポイント

身が割れやすいので、やさしく扱う。大きいカツオの場合は、腹と背を分割しておろし、五枚おろしにする。

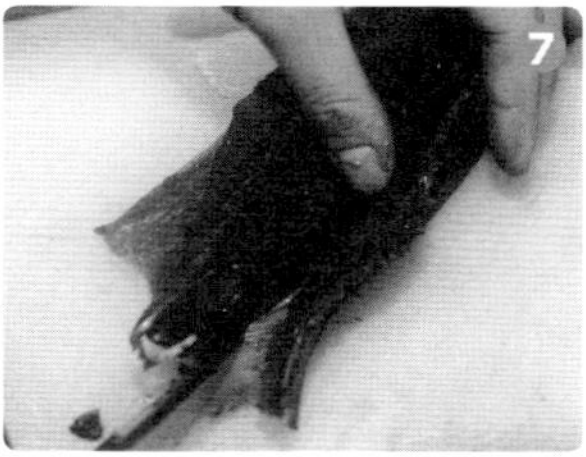

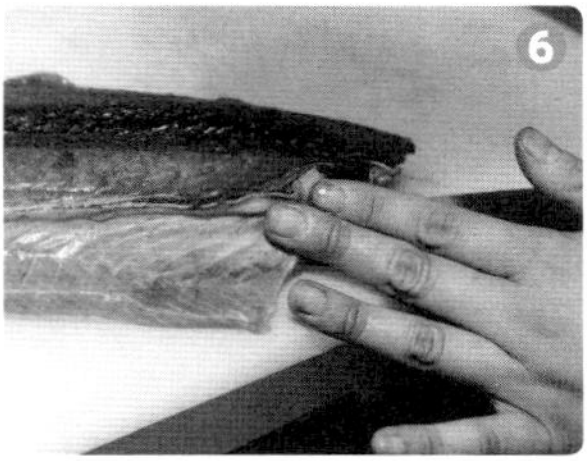

「まごの店」店内

2.7 キンメダイの下ごしらえ＋煮つける

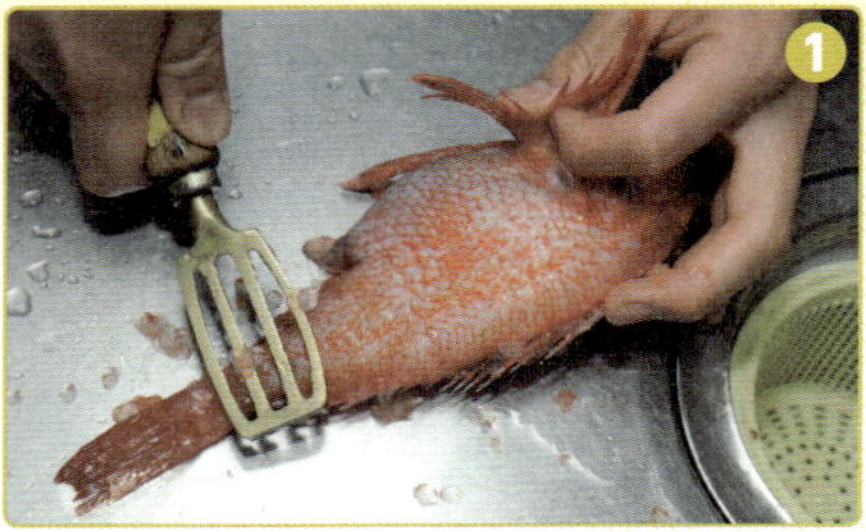

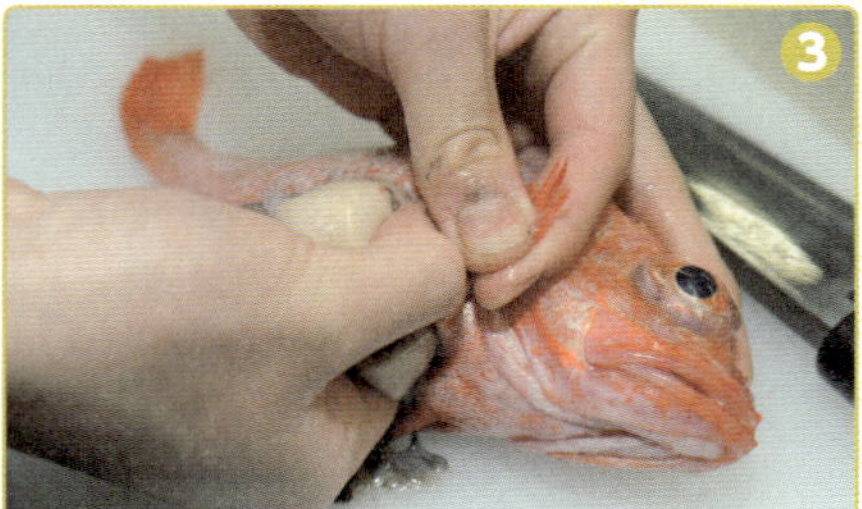

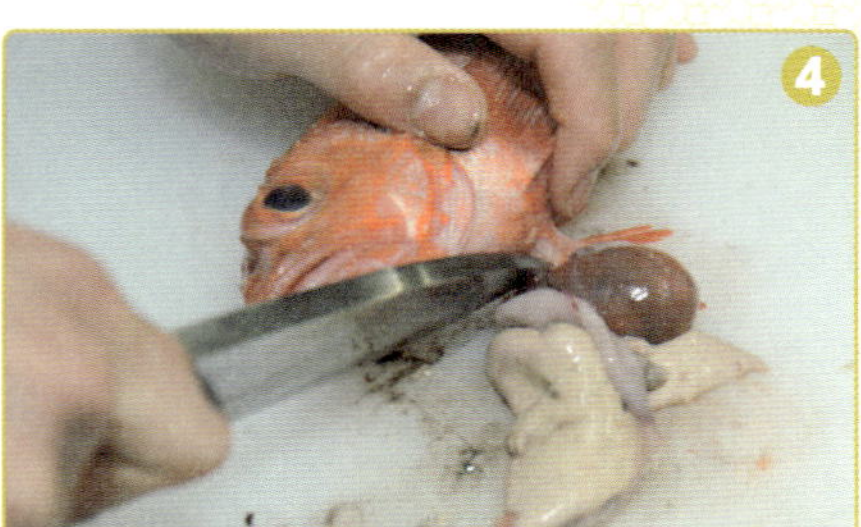

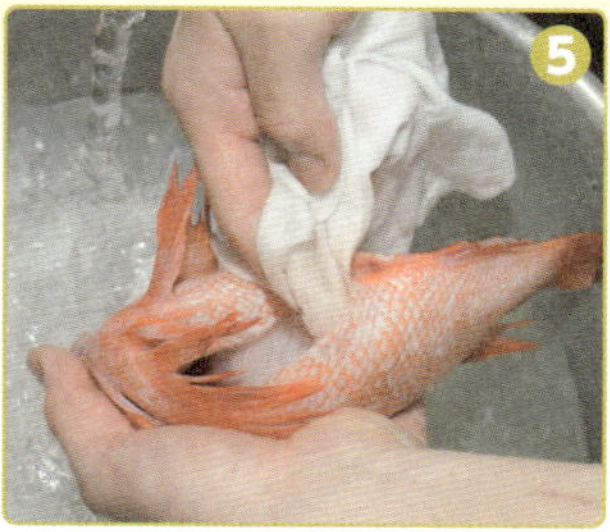
5

6

7

8

9

10

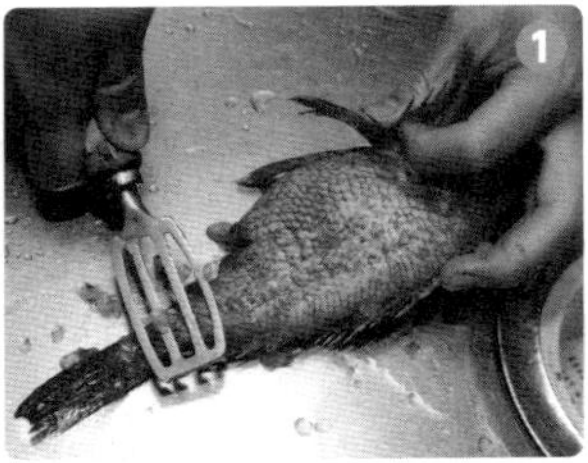

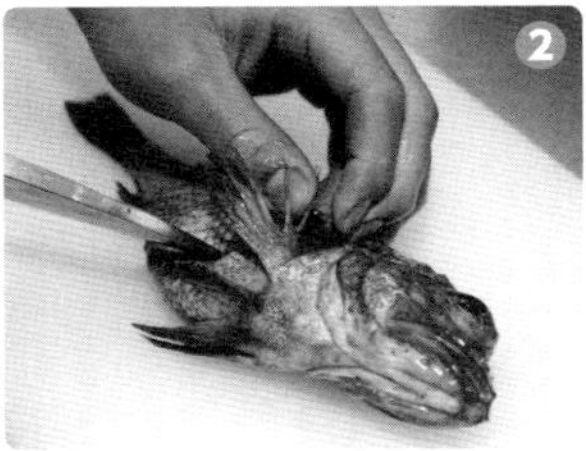

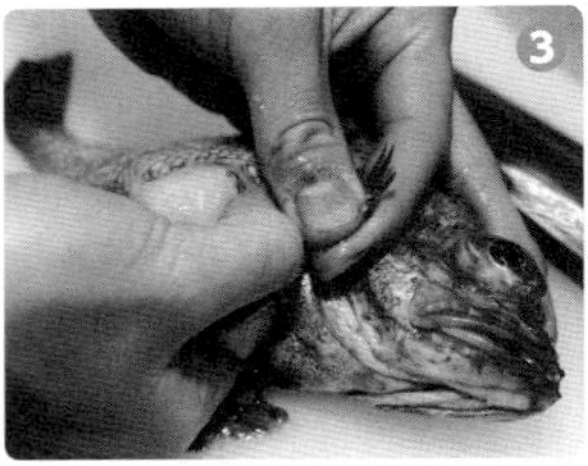

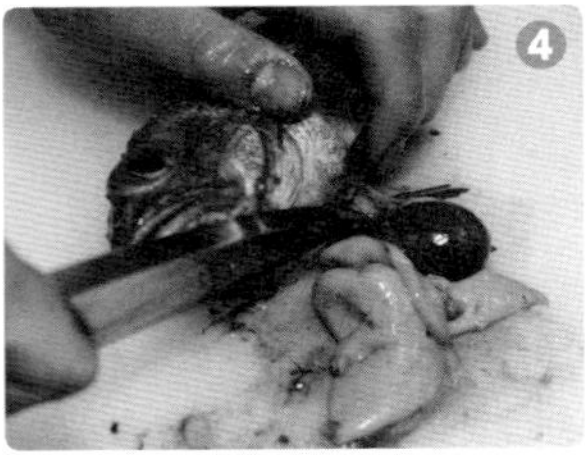

❶ 尾から頭に向けて、ウロコ引きでウロコをとる

❷ 腹に切りこみを入れる

❸ 内臓をとりだす

❹ すべてとりだし、身と切り離す

❺ 水洗いして、ふきんなどできれいにぬぐいとる

❻ ボウルに入れて、熱湯をかけ、とりきれない汚れやぬめりをとりのぞく

❼ 酒、砂糖、みりん、濃口しょうゆ、好みでたまりしょうゆを入れて沸騰させ、中に魚を入れ、落しぶたをする

❽ 泡が十分にたつまで煮る

❾ コマツナを入れて煮る

❿ 頭を左、腹を手前に盛りつける

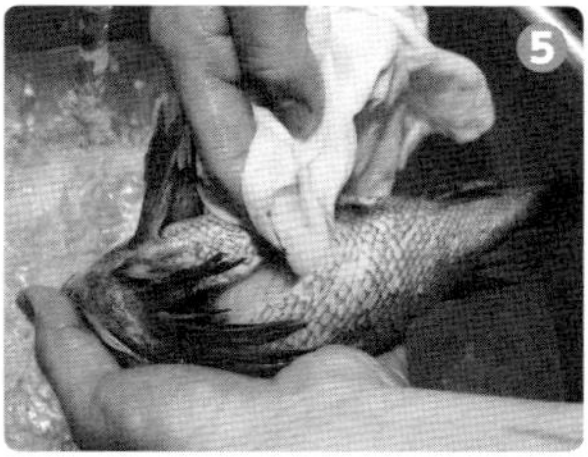

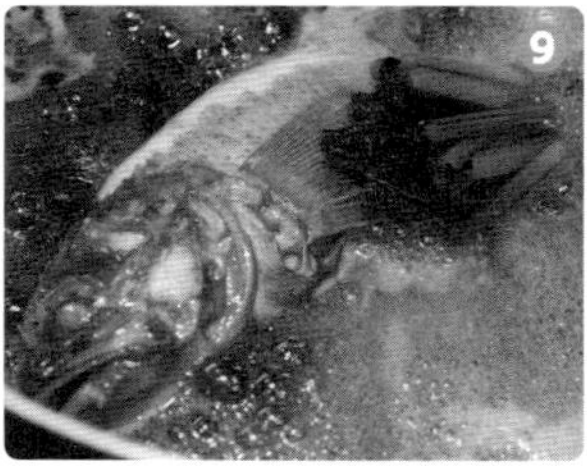

ポイント

かならず沸騰した煮汁の中に魚を入れる。沸騰していないと、生臭みが出る。

2.8 鶏肉をさばく

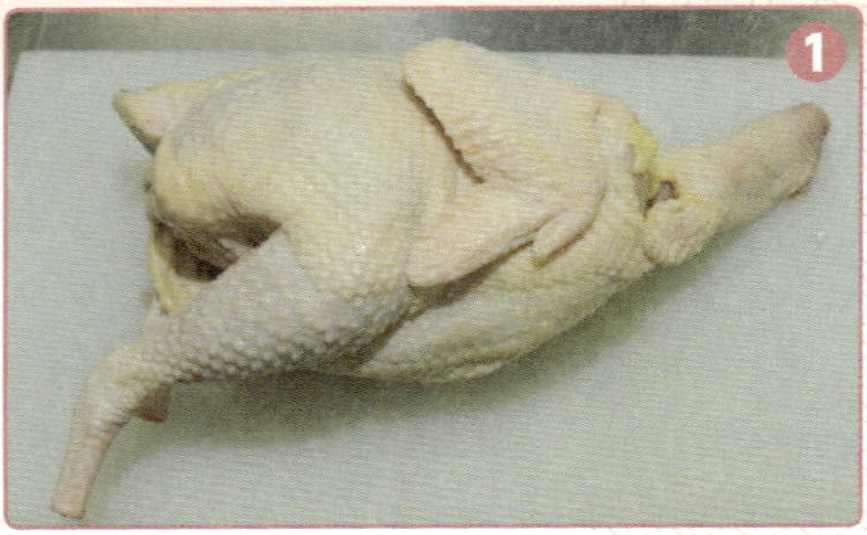

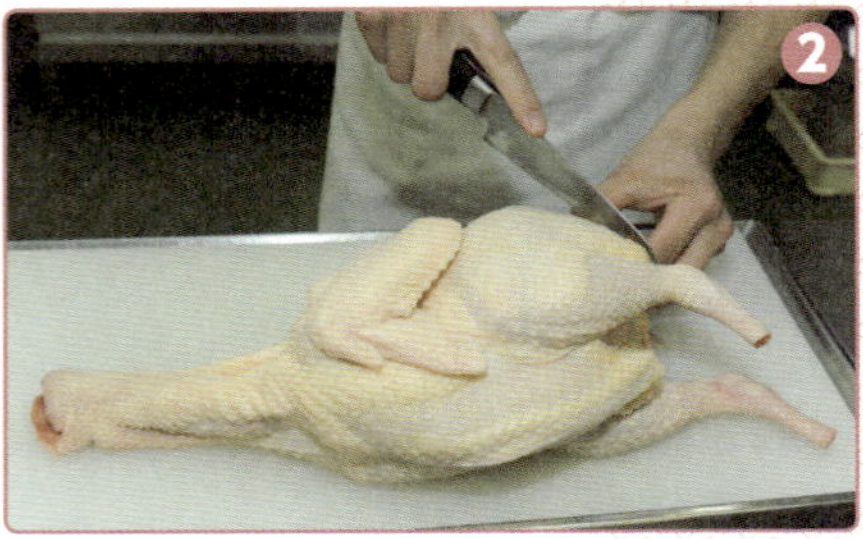

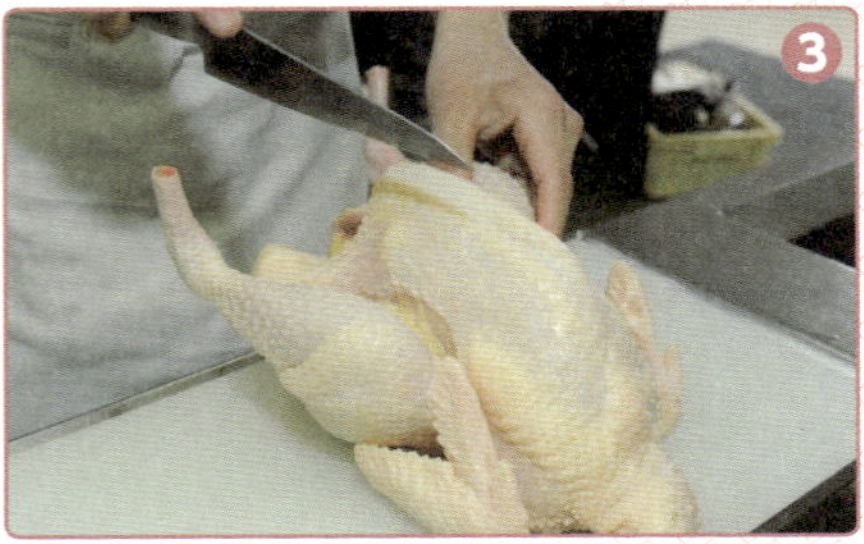

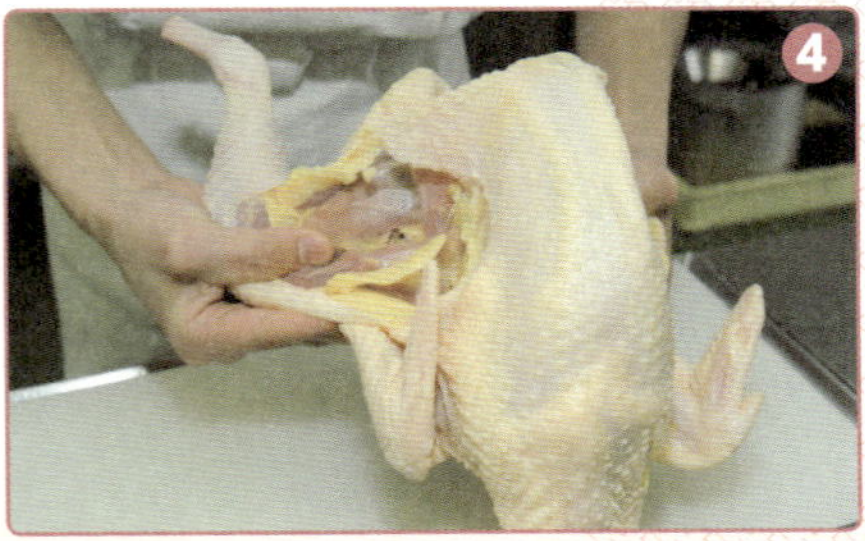

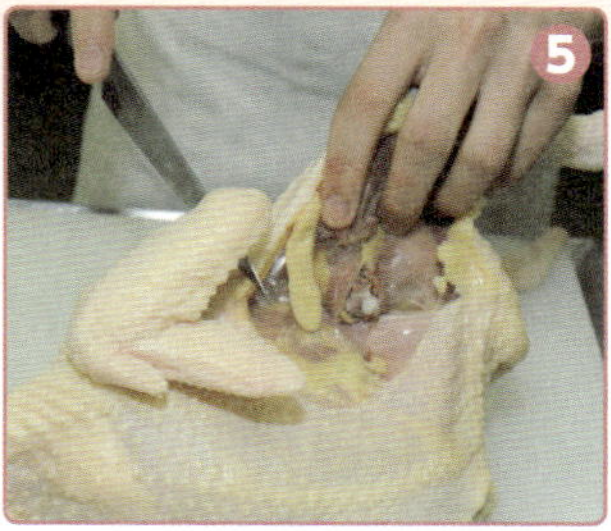
5

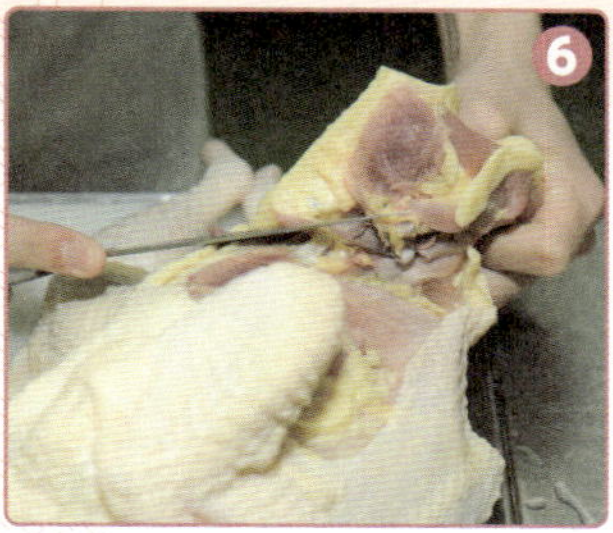
6

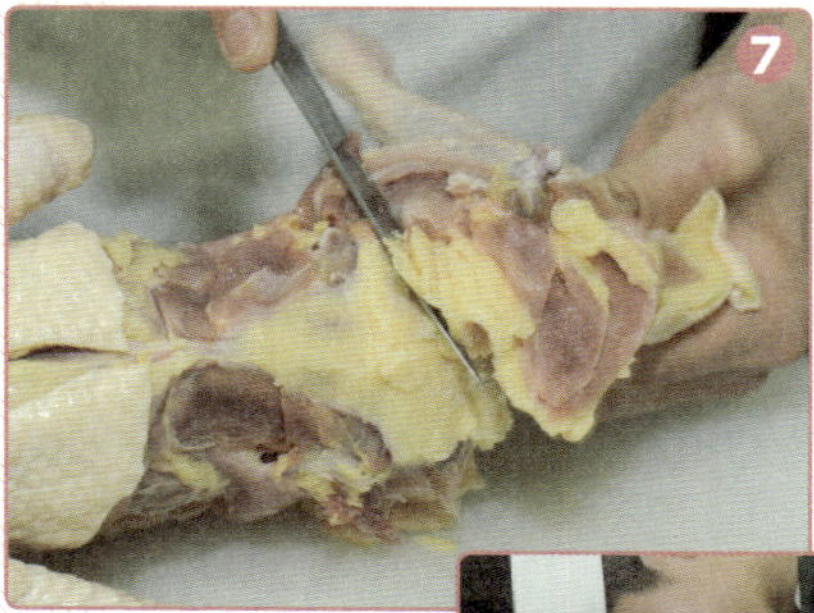
7

8

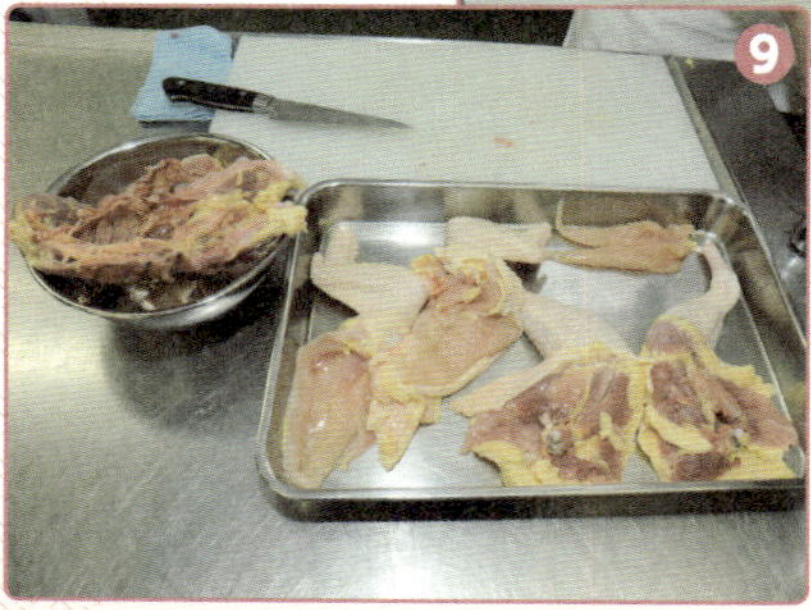
9

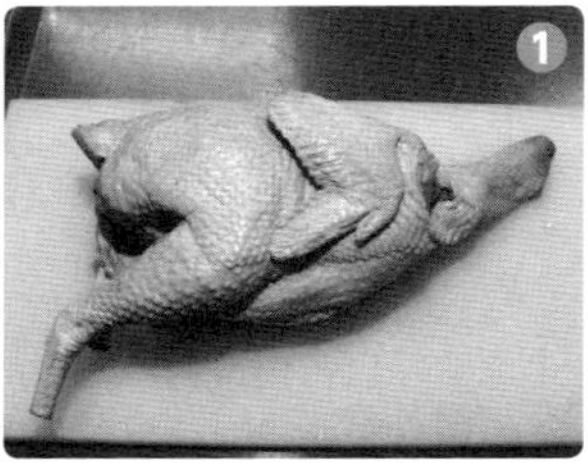

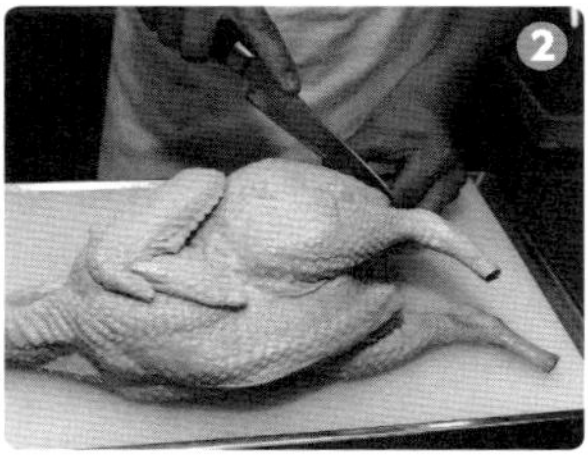

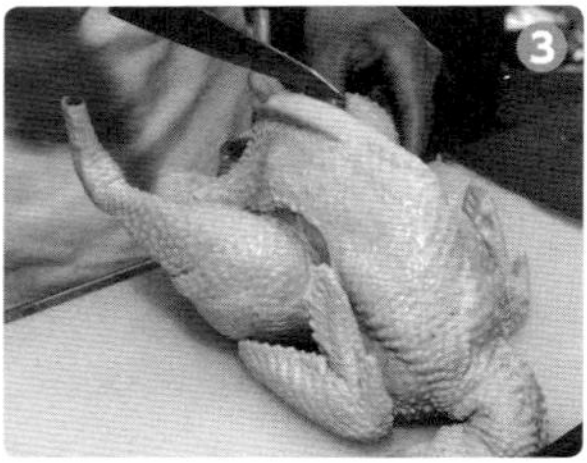

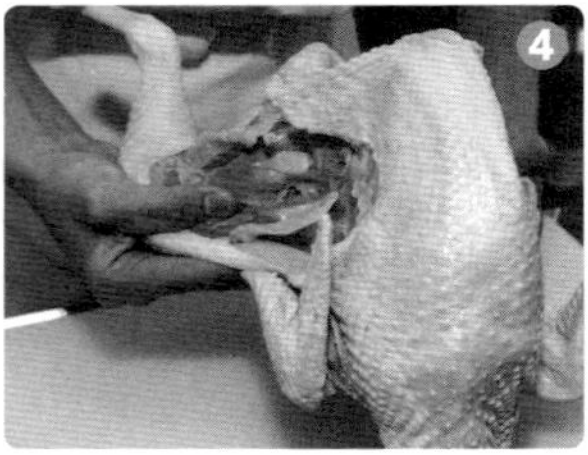

① 鶏肉。内臓や毛がついていたら、かならず水洗いし、きれいにしておく

② 尾のあとを切りとる。脂《あぶら》が多く、ぼんじりや三角と呼び、焼き鳥などの材料になるが、ここでは切りとる

③ もも肉の皮目に切りこみを入れる

④ 両手で外に折り曲げるようにして、もも肉の関節《かんせつ》をはずす

⑤ 骨に沿って包丁を入れる

⑥ もも肉を切り離す

⑦ 肩の関節に包丁を入れ、手羽《てば》を切りとる

⑧ 鎖骨《さこつ》の部分に包丁を入れ、手で引っぱりながら胸肉を切りとる

⑨ ささ身も骨から切りとる。もも肉、胸肉、ささ身に分ける

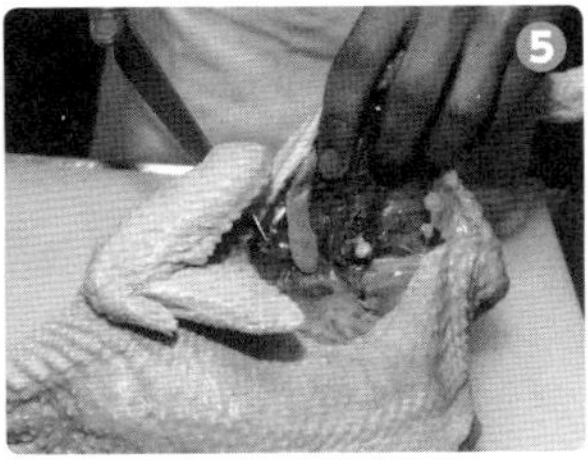

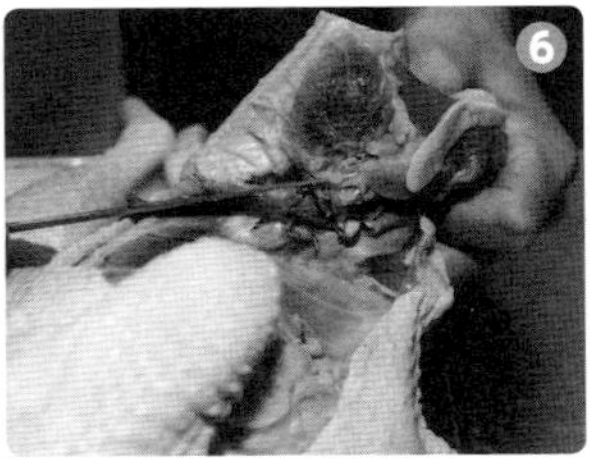

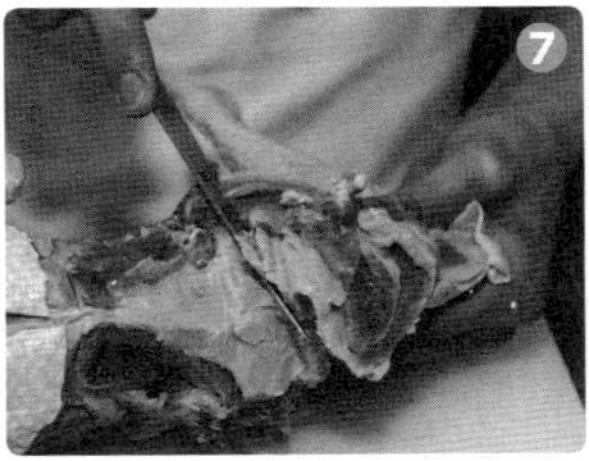

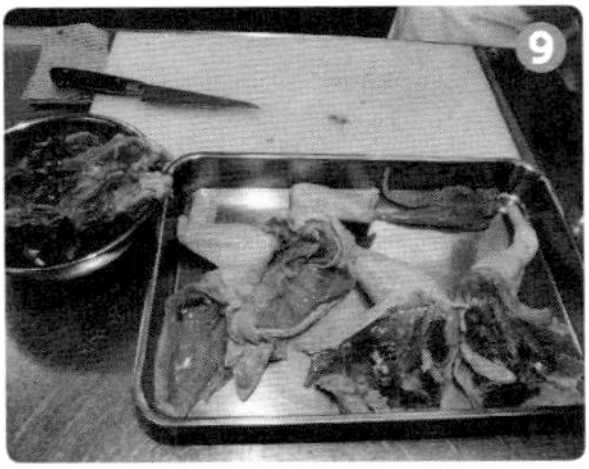

ポイント　料理をした後のまな板や包丁は、かならずきれいに洗うこと。

薄口
濃口
たまり
ふるさとは日本の海
食塩
たっぷり使える5kg
毎日使うから、
シンプルがいい。
財団法人
塩事業センター
5kg
保存に便利な
チャック付き
クルルマーク
上白糖
砂糖は大自然が育てた天然の甘味料です
伊藤忠製糖株式会社

3
調味料と包丁

「さしすせそ」という言葉があります。これは5種類の調味料を頭文字であらわしたもので、それぞれ、さ＝砂糖、し＝塩、す＝酢、せ＝しょうゆ、そ＝味噌、をさします。味つけをするときには、だいたいこの順番に使うのがいい、ということをしめす言葉でもあります。

塩気の強い調味料から入れると、食材の表面が硬くなり、味がしみこみにくくなります。味つけするときには、砂糖から入れるのが一般的です。

日本料理は、大まかにこの基本調味料を使い、だしコンブと花ガツオでとっただしで、季節の食材を煮て味つけするのが特徴です。調味料の分量を変えることで、味つけが変わり、甘い、辛い、薄い、濃いという変化をつけるのがポイントです。

日本料理の調味料は、食材の味つけが主な目的ですが、素材の味を活かす大きな目的のものです。たとえば、刺身などはそのまま食べれば、生臭いものですが、しょうゆや塩をつけることでうまみが増します。野菜などは、えぐみが消えたり、しょうゆづけなど、ときには保存方法の一種として、調味料を使うこともあります。

調味料には、ほかに、みりん、酒などがあります。

砂糖とみりんは、甘味《あまみ》をつけるために使います。砂糖は純粋に甘味だけのものですが、みりんはうま味がすぐれています。しかし、アルコールを含んでいたり、値段が高いので、使いづらいところが欠点です。

塩には、自然塩と食卓塩の2種類があり、「まごの店」では2つを使い分けています。自然塩は味つけは難しいのですが、味がまろやかなので、魚にあてる塩としてはこれを使っています。食卓塩は味に角《かど》がありますが、その分、味つけをしやすいので、使っています。

しょうゆは、濃口《こいくち》、薄口《うすくち》、たまりの3種類を使っています。濃口、薄口とは、色の濃さをしめしていて、塩分濃度の大小をしめしているのではありません。塩分濃度は薄口のほうが大きいのですが、吸い物の味つけで、「濃口しょうゆがちょうど切れているので、薄口しょうゆを濃口の半分だけ使います」というようなことは、ぜったいにありません。たまりは、焼き魚のタレに使います。

3.1 牛刀（万能包丁）の使い方

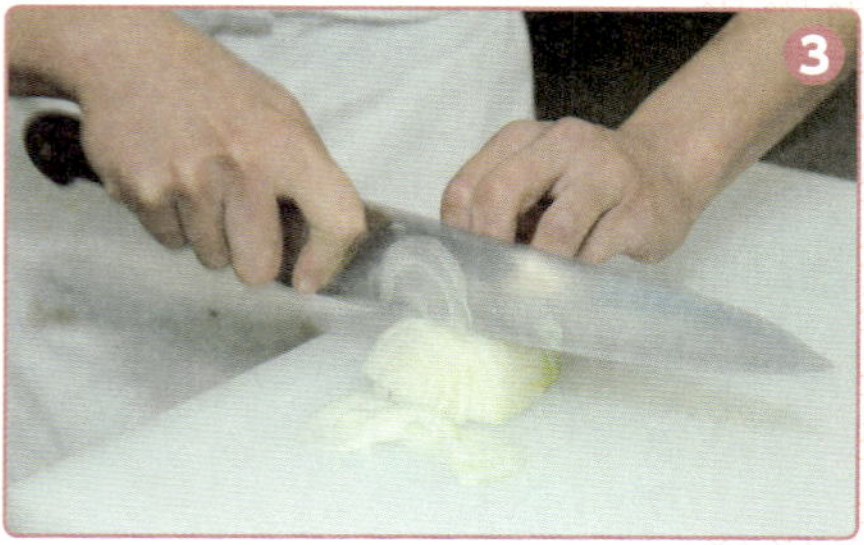

A

B

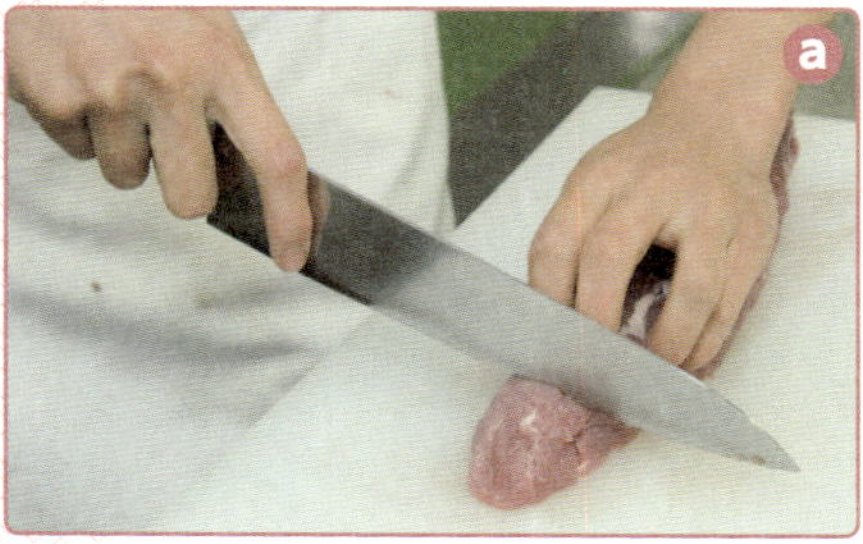
a

b

❖包丁

調理クラブ部員は全員、日本料理用の包丁を3本、西洋料理用の包丁を2本、中国料理用の包丁を1本、もっています。

日本料理用の3本は、刺身を切るための刺身包丁、野菜を切るための薄刃《うすば》包丁、魚をおろすための出刃《でば》包丁です。

西洋料理用の2本は、万能《ばんのう》包丁ともいわれる牛刀《ぎゅうとう》、果物などの皮をむく、小さなペティナイフです。

そして中国料理用は、中華包丁です。

部員たちは、調理をした日の終わりには、かならず使った包丁を研《と》いでから、調理室を出ます。研ぎたてを使えば、切れ味が鋭くていいように思うかもしれませんが、それでは鉄の味が料理についてしまいます。ですから、研いだら、一晩は寝かせてから使うようにしなければなりません。

日本料理用には、片刃《かたば》包丁というものがあります。これは切れ味が鋭いのですが、両刃の包丁とくらべて、なかなか使いづらいものです。

左から，薄刃包丁，刺身包丁，出刃包丁，牛刀，ペティナイフ．
この章で使い方をしめしたのは，3.1 牛刀，3.2 薄刃包丁，3.3 ペティナイフの 3 種類です．
出刃包丁の使い方は前章の「2.4 タイを三枚におろす」を，刺身包丁の使い方は「2.5 タイの刺身をつくる」を見てください．

3.2 薄刃包丁の使い方

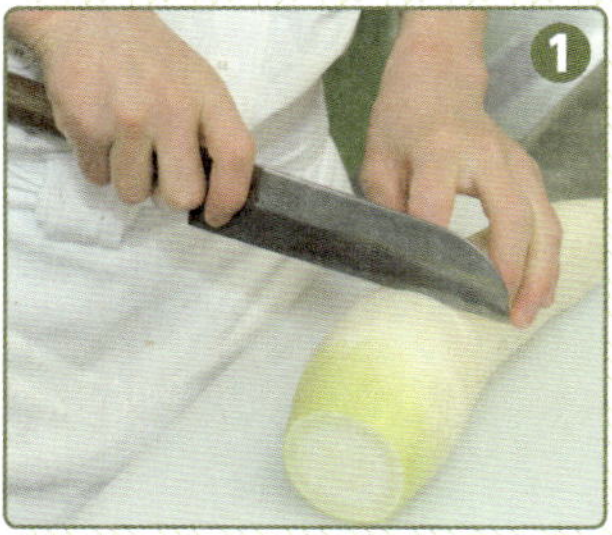

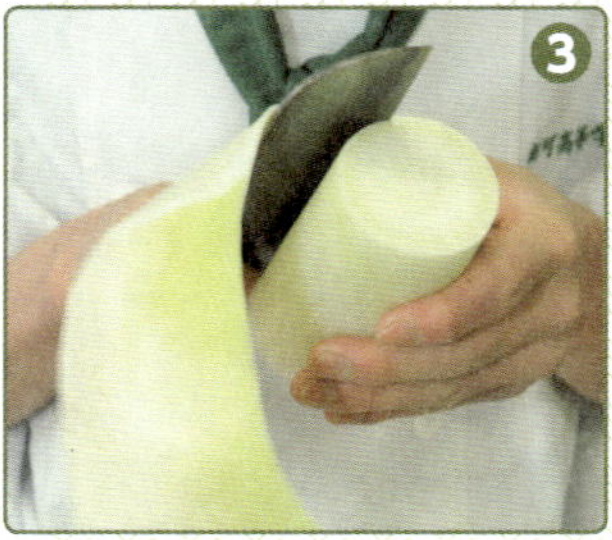

3.3 ペティナイフの使い方

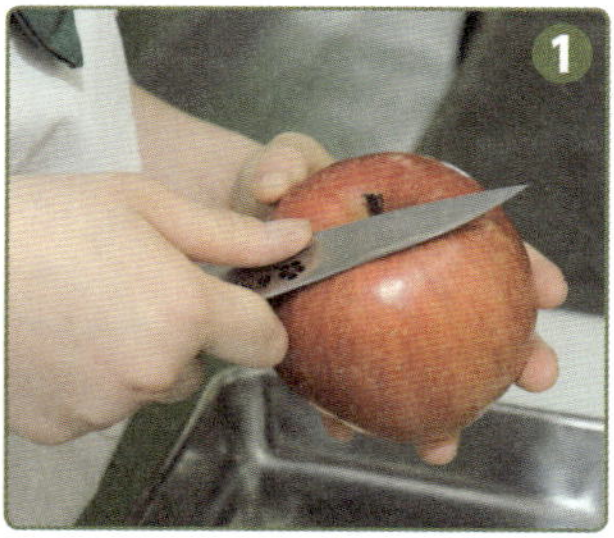

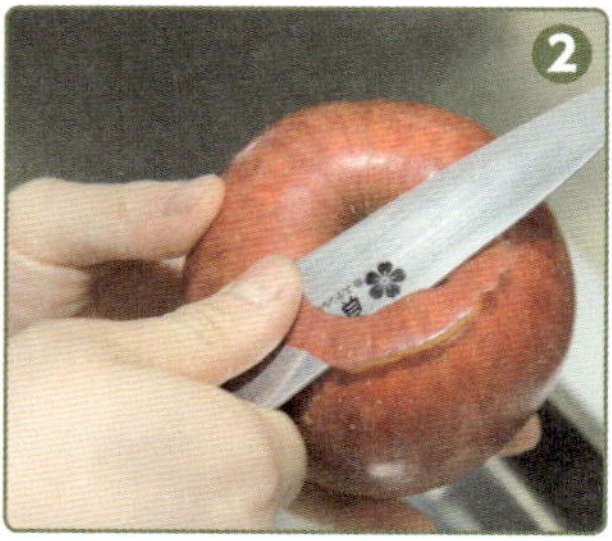

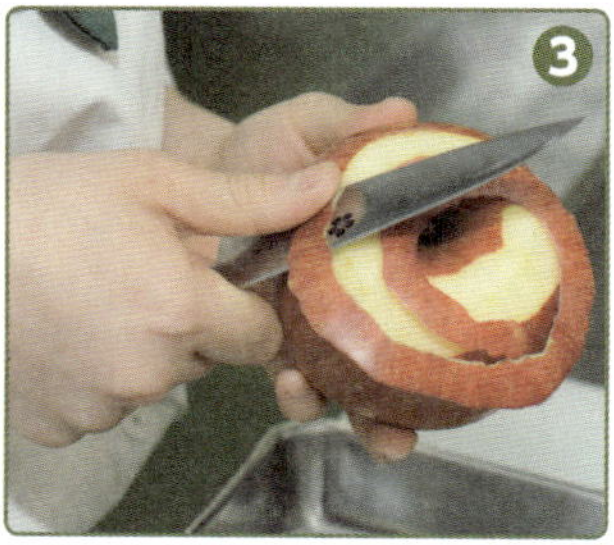

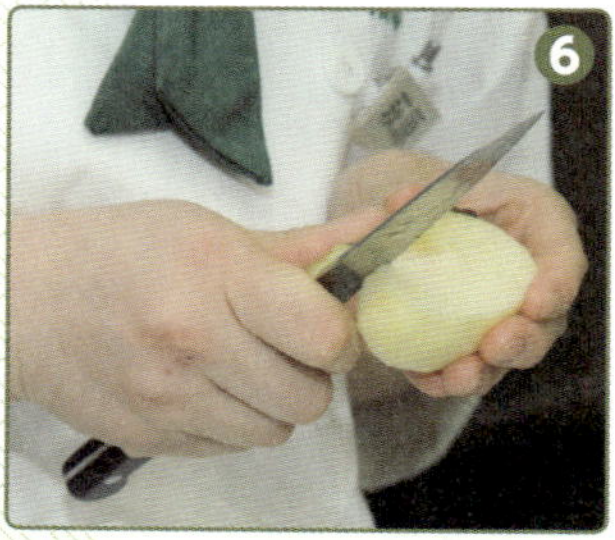

私の好きな料理②

佐田大樹《だいき》◉だし巻き卵

私の好きな料理は，だし巻き卵です．理由は，私が小学生のときに親戚の家で食べただし巻き卵が，とてもおいしかったからです．

また，だし巻き卵にはほかにも思い出があります．相可高校調理クラブの「まごの店」では，人気のある料理の中に，だし巻き卵があります．だし巻き卵は１年生のときから練習します．しかし，私はほかの人より上手に焼けませんでした．それでも私はあきらめずに練習していました．

ある日，いつものように練習していたら，とてもきれいに焼けました．努力が実って，とてもうれしかったです．それ以降，だし巻き卵は得意料理になりました．だし巻き卵は好きな料理であって，また得意料理です．

高瀬綾介《りょうすけ》◉カレー

私の好きな料理は，カレーです．

幼い頃から料理をつくることが好きで，よく母親のお手伝いをしていた私が，あるとき一人で料理をつくりました．そのときつくった料理がカレーで，食べた家族が「おいしい」と言って喜んでくれました．それがきっかけで，自分のつくった料理でたくさんの人に笑顔になってほしいと思い，料理人になろうと決意しました．

今でもよく，家でカレーをつくって，あの頃の自分を思い出したりしています．なので，料理人になろうと思ったきっかけをくれたカレーが，私の一番好きな料理です．

コラム

竹内 杏果《きょうか》◉しんじょう

私の好きな食べ物は，しんじょうです．その理由は，1年生の実習でしんじょうをつくって食べたときに，とてもおいしかったからです．

つくり方は比較的簡単で，魚のすり身に卵と油を入れて，当たり鉢でよく当たり，火を通し，吸い物の椀子などにします．カツオとコンブでとった食感が，好きで好きでたまりません．

みなさんも一度つくってみてください．

寺井彩花《あやか》◉たまご味噌丼

現在まで18年間過ごしてきた中で，私がどうしても忘れられない味があります．それは，祖父がつくる「たまご味噌丼」です．卵とだしと味噌を使い，絶妙な分量と火加減で，誰にも真似できない優しい味を祖父はつくってくれました．あの頃幼かった私にとって，それは特別で大好きでした．

その味を食べられない今，ときどきあの頃を思い出して，自分でつくってみることがあります．でも何度かつくってみるものの，祖父のあの味を完全に表現することができません．それでも私は，少しでも近づけるように，これからも挑戦していきたいと思っています．

私もいつか，私が祖父に抱く思いのように，誰かからそんなふうに思ってもらいたいです．そのために毎日の積み重ねを大切にし，初心を忘れず，夢を大きく持てるような料理人を目指します．

だし巻き卵
山下養鶏
×
相可高校
食物調理科

4
基本料理をつくろう

相可高校は「料理は心！」――心をこめ、一生懸命つくったおいしい料理を、大切な人に食べていただくことを心がけています。

私たちは、料理の先輩たちから「高級な旬《しゅん》の食材は、その味をしっかり活かせ。安い食材は、手間暇《てまひま》かけて仕込め」と教えられました。

安易にインスタントの調味料に頼らず、日本古来の調味料を使いこなすこと。日本料理は、だしコンブとカツオでとった一番だしが基本です。めんどうくさがらず、まず一番だしをとり、料理をつくりたいと思います。

日本では、四季折々の季節感たっぷりの野菜や、旬の魚があります。たとえば、野菜などは季節を外すと硬かったり、その野菜の味がなかったりします。日本の国は、四方が海です。海で泳いでいる魚は、同じ種類でもその地方によりおいしい時期が変わります。

おいしい時期の食材を見きわめるのは難しいことですが、買い物をするときそのお店の方においしいもの、季節のものを聞いてみるのもいいと思います。プロの目ききを体験してみたら、料理をつくる楽しさが増すでしょう。

4.1 だし巻き卵

5

6

7

8

9

材料（4人分。以後同じ）卵12個

調味料（4人分。以後同じ）一番だし320㎖、砂糖20g、みりん6㎖、薄口しょうゆ34㎖

1 だし汁に分量の調味料を入れて、調味液をつくる

2 卵を割り、3個に対して80㎖の調味液を入れて混ぜる

3 卵焼き器を熱して、油を敷く

4 卵生地《きじ》約70㎖を入れて、焼きはじめる（❶❷）

5 焼きながら、手前に巻きこんでいく（❸）

6 再度、油を敷き、卵生地を流して焼き、巻きこむ。それを3回くりかえす（❸❹❺❻）

7 焼き上がれば、巻き簾《す》に上げ、器に盛る。牛肉を煮たものや、カツオぶし、野菜などをだし巻き卵の上にのせてもいいし、生地の中に混ぜこんで焼いてもおいしく食べられる（❼❽❾）

5

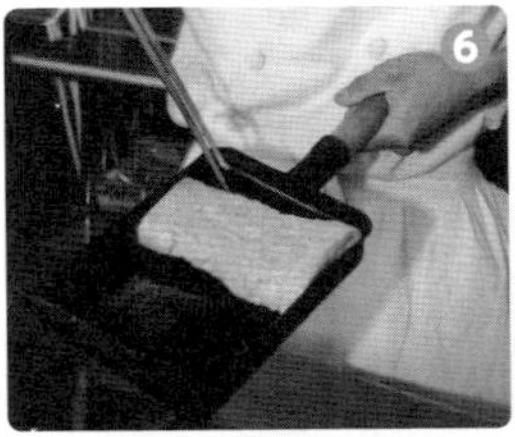
6

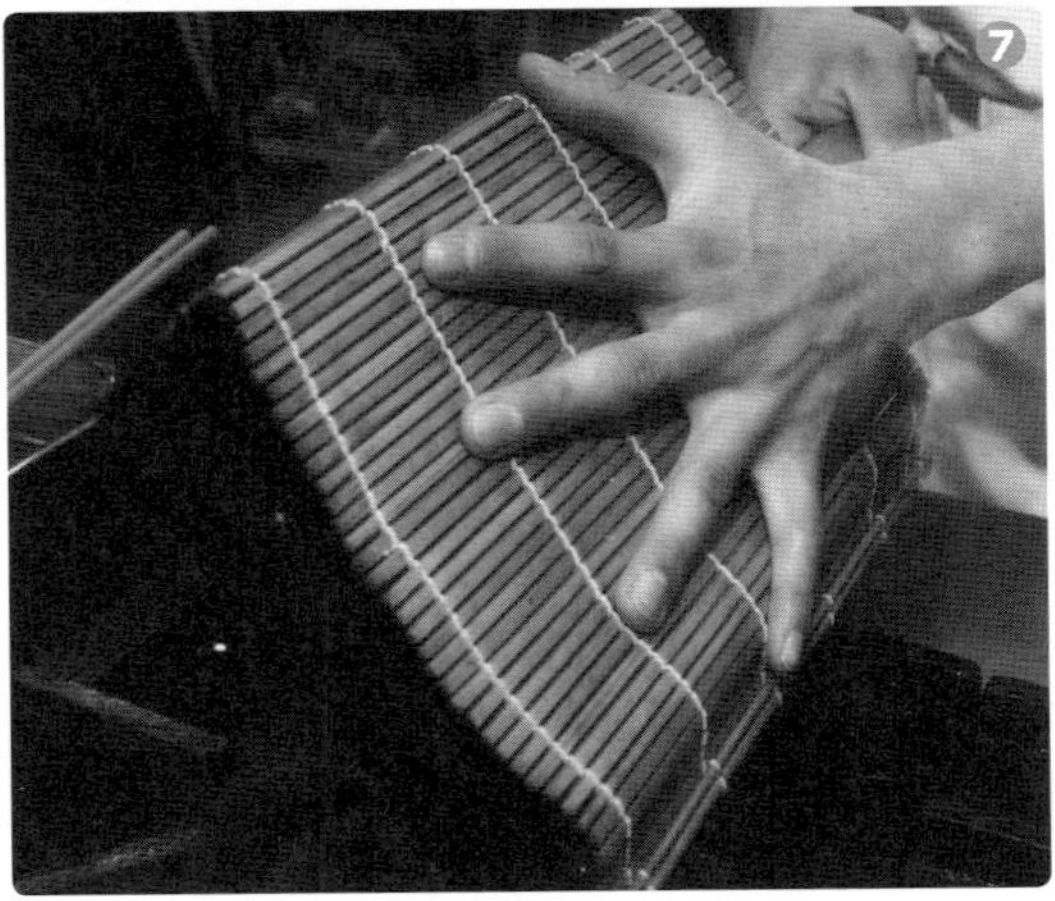
7

8

9

ポイント　強火でさっと焼き、ふっくらと仕上げる。好みで、薄口しょうゆの量を加減する。

4.2 肉ジャガ

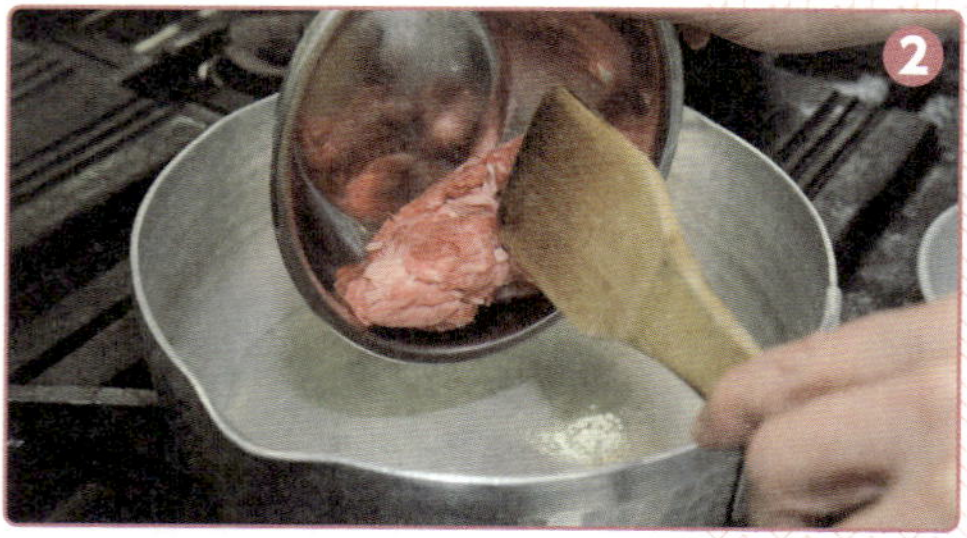

7

8

9

10

11

12

13

14

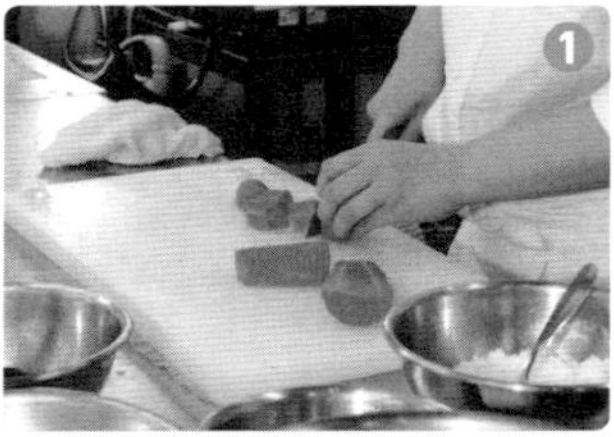

材料 牛こまぎれ肉300g、ジャガイモ300g、ニンジン40g、タマネギ100g、糸こんにゃく100g、サヤインゲン20g

調味料 一番だし400㎖、日本酒50㎖、砂糖大さじ6、濃口しょうゆ40㎖

1 牛肉、糸こんにゃくは、5㎝幅にぶつ切り。ジャガイモ、ニンジンは、皮をむき、一口大に切る。タマネギは薄切りに(❶)

2 鍋に油大さじ1を入れ、牛肉を入れて炒める(❷)

3 ジャガイモを入れ、軽く炒める(❸❹)

4 ニンジンを入れ、だしと日本酒を入れる(❺❻)

5 糸こんにゃく、タマネギを入れ、落しぶたをして煮る(❼❽❾)

6 材料が柔らかくなったら、砂糖、濃口しょうゆを入れ、しばらく煮る(❿⓫⓬)

7 仕上げに3㎝に切ったサヤインゲンを入れ、さっと煮る(⓭)

8 器に彩りよく盛りつける(⓮)

ポイント　落しぶたを使うと、材料の火の通りがよくなる。材料が柔らかくなったら、調味料を砂糖、しょうゆの順に入れる。

4.3 肉野菜炒め

5

6

7

8

9

材料 豚ばら肉160g、キャベツ120g、ニンジン120g、タマネギ120g、ピーマン100g

調味料 塩・コショウ適量

1 ニンジン、タマネギを、皮をむいて薄切りにする

2 ピーマンは種をとり、棒状に切る

3 キャベツは硬い芯をとりのぞき、残りを四角く切る

4 豚肉スライスは5㎝幅に切る

5 フライパンに大さじ1の油を入れ、豚肉を炒める(❶)

6 豚肉に火が通ったら、キャベツ、ニンジン、タマネギを入れてさっと炒める(❷❸❹❺)

7 すべてに火が通ったら、ピーマンを入れる(❻)

8 塩・コショウで味つけをして、さっと炒める(❼❽)

9 器に彩りよく盛る(❾)

ポイント

肉を炒めてから、野菜を炒める。野菜から炒めると、野菜から出る水分で肉に火が通りにくいからだ。美しい緑色をそこなわないために、ピーマンは最後に入れる。

4.4 ヒジキ炒め

5

6

7

8

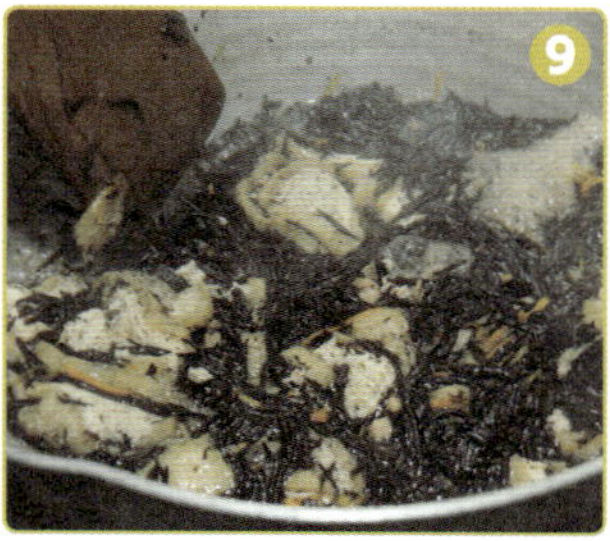
9

10

11

材料 ヒジキ（乾燥）30g、鶏もも肉100g、ニンジン30g、油あげ1枚、サヤインゲン4本

調味料 一番だし300㎖、砂糖大さじ6、薄口しょうゆ50㎖

1 乾燥ヒジキを水でもどし、水分をよく切っておく

2 鶏肉を1㎝角に切る

3 鍋に油大さじ1を入れ、鶏肉を入れて炒める（❶）

4 鶏肉の表面が白くなったら、ヒジキを入れて炒め、ヒジキの水分を飛ばす（❷❸❹）

5 だし汁を入れて煮こむ（❺）

6 千切りのニンジンや油あげを入れて煮る（❻）

7 砂糖、薄口しょうゆを入れて、味をととのえる（❼❽❾）

8 最後に、小口《こぐち》切りしたサヤインゲンを入れ、さっと煮たらできあがり（❿⓫）

ポイント　鶏肉を炒め、その後、ヒジキを炒めることで、水分が飛び、味がよくしみる。

4.5 タイあら炊き

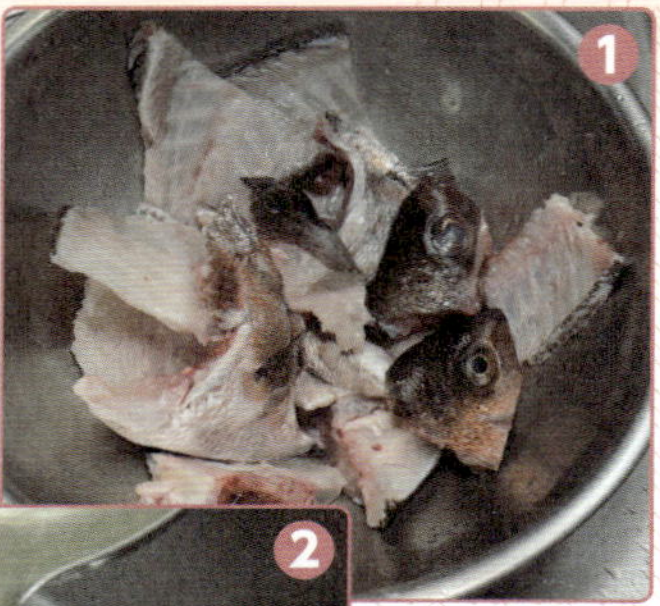

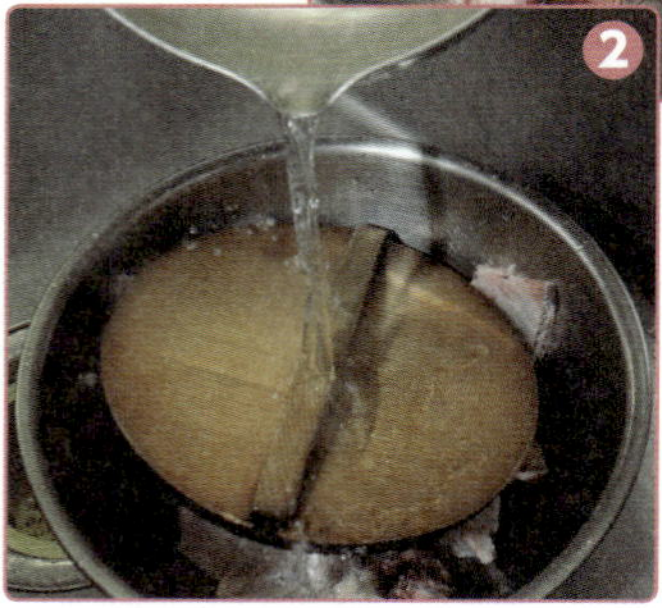

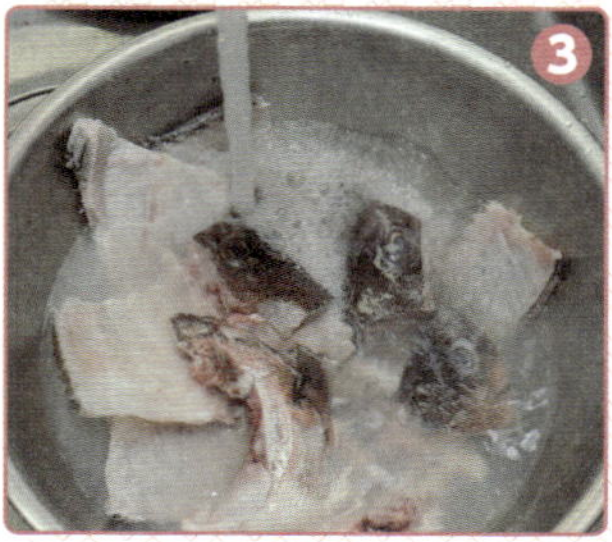

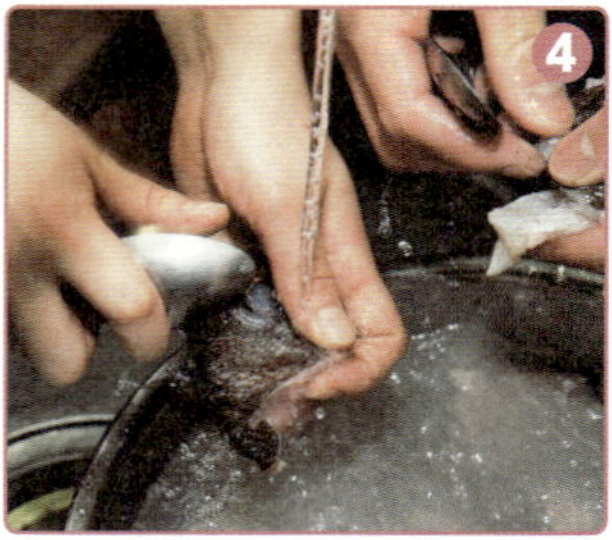

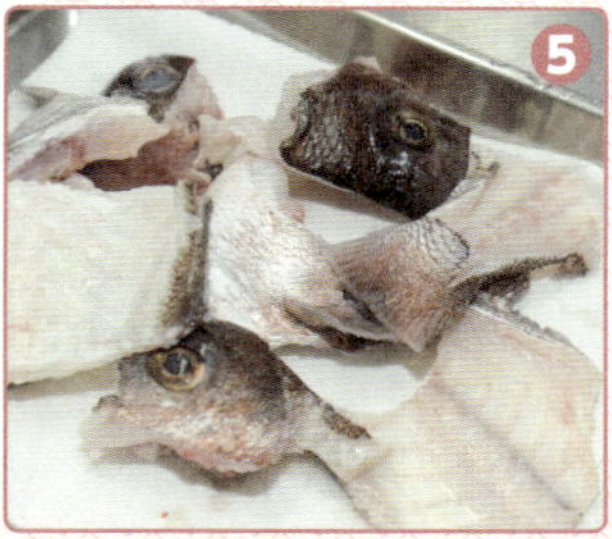

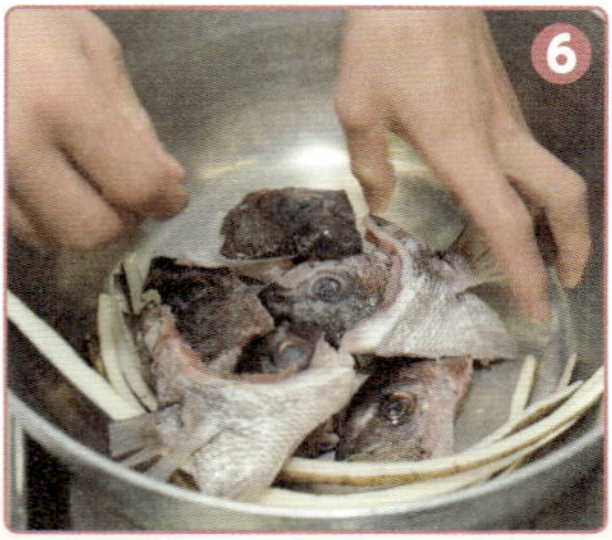

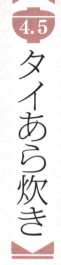

7

8

9

10

11

12

13

14

15

16

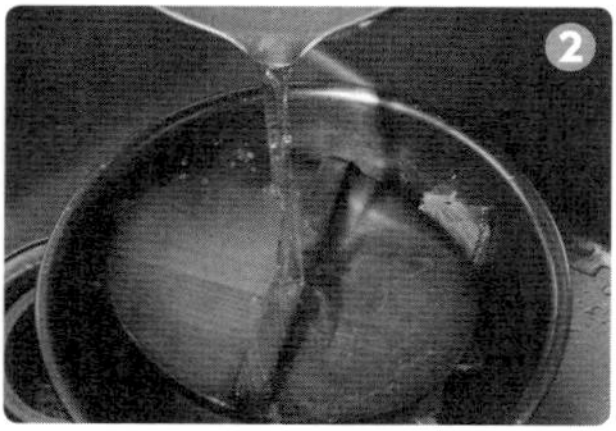

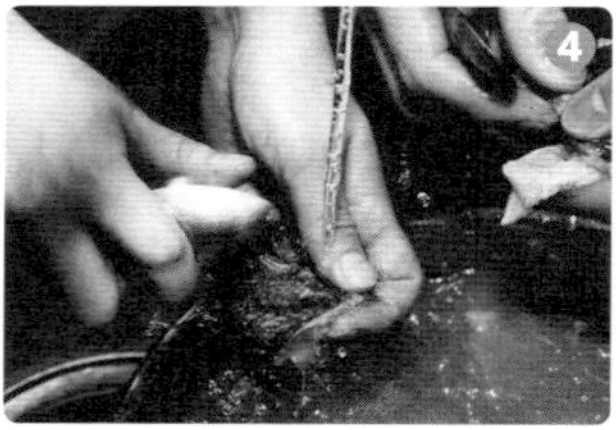

材料 タイのあら2尾分、ゴボウ、ショウガ、サンショウ

調味料 日本酒300㎖、水150㎖、砂糖大さじ8、みりん100㎖、濃口しょうゆ90㎖、たまりしょうゆ30㎖

1 あらを切り分け、ボウルに入れて、熱湯をかける（①②）

2 水で洗い、余分なウロコやぬめりをとりのぞく（③④⑤）

3 火の通りにくいものを鍋の真ん中におき、底全体に敷きつめるようにあらをおく（⑥）

4 ゴボウなどの野菜は鍋のふちにおく（⑥）

5 水、酒、千切りショウガを入れ、火にかけて沸騰させる（⑦⑧）

6 アクをすくいとり、砂糖、みりん、濃口しょうゆ、たまりしょうゆを入れて、てりがつくまで煮つめる（⑩⑪⑫⑬）

7 目玉が真っ白になったら、火が通った証拠なので、器に盛りつける（⑭）

8 煮こんだ汁をかけ、サンショウをのせて、できあがり（⑮⑯）

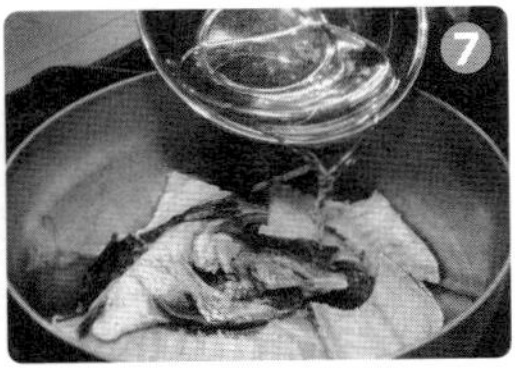

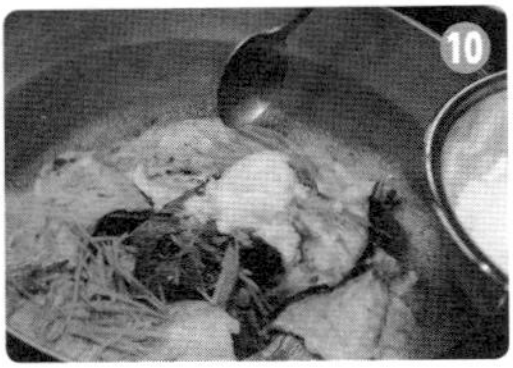

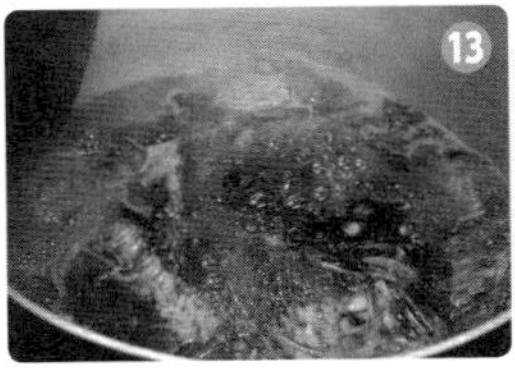

ポイント　できたてよりも、しばらく(20～30分)さましてから、ふたたび温めて食べるほうがおいしい。

4.6 カツオの刺身とたたき

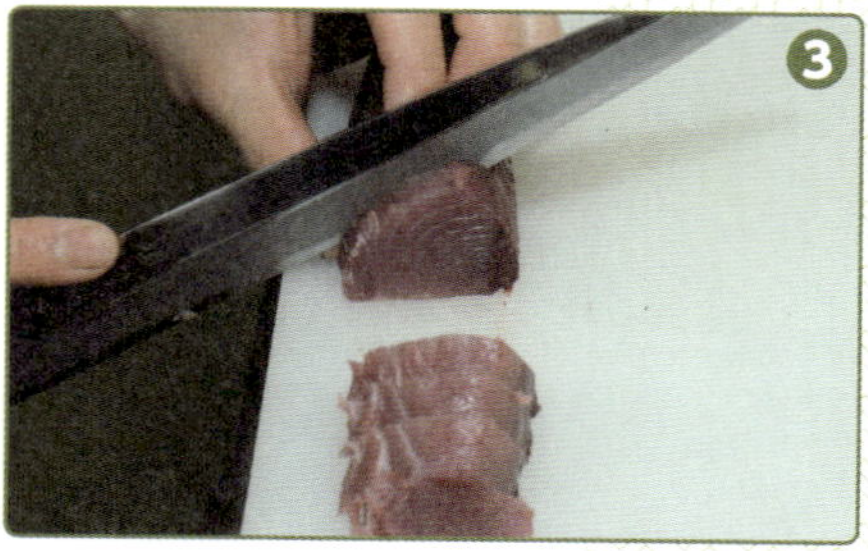

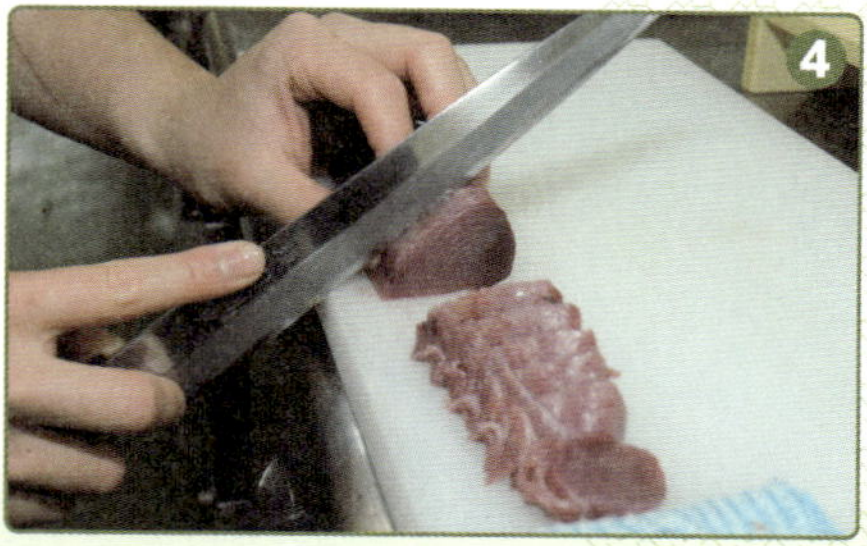

5

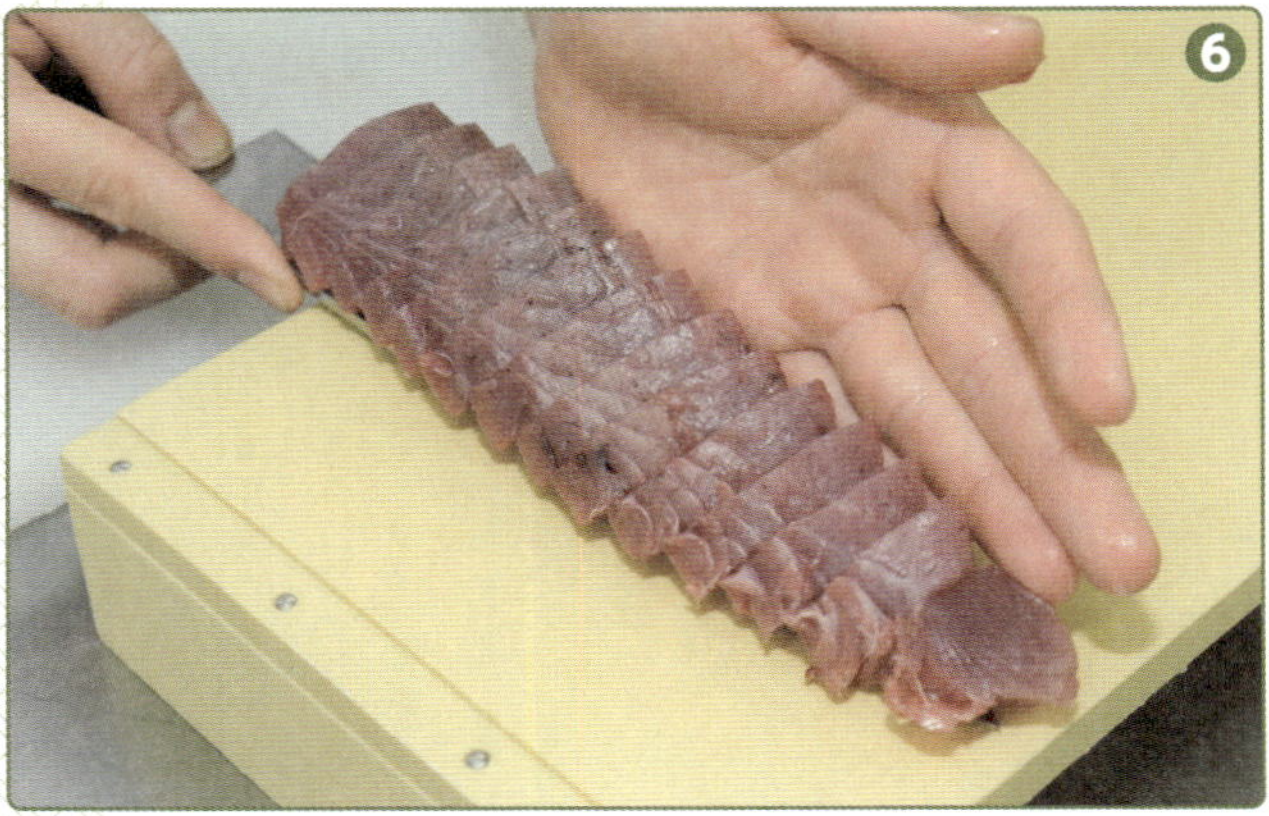
6

7

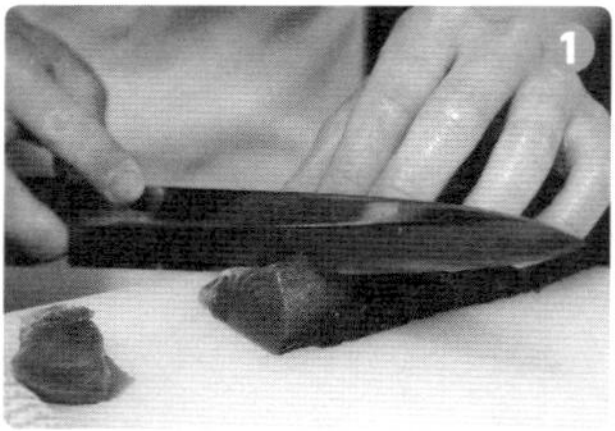

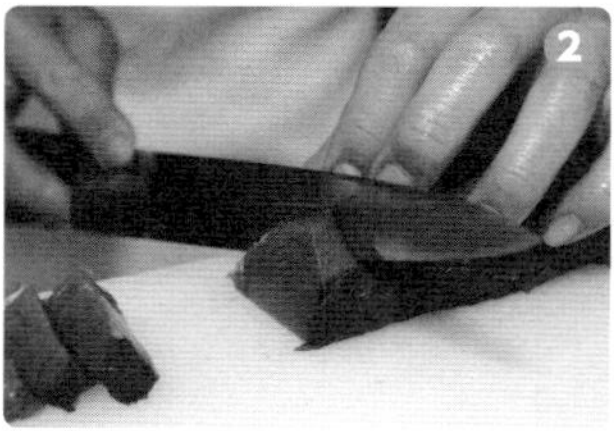

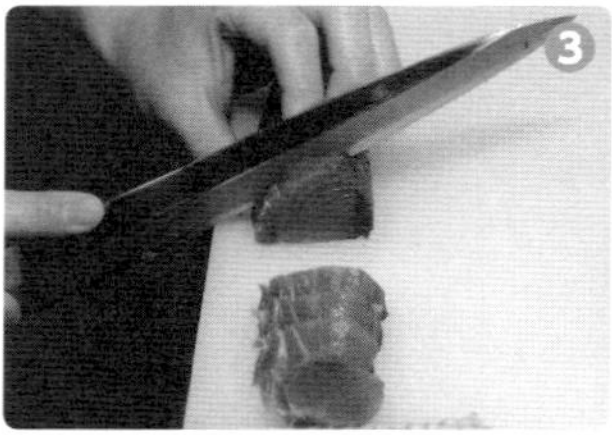

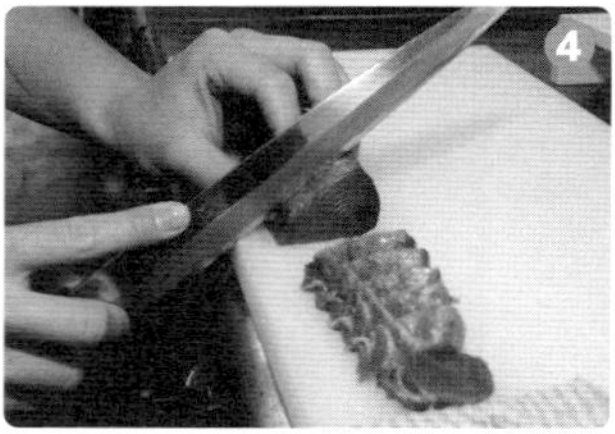

材料 カツオ（2.6で三枚におろした1尾分）

薬味 ダイコン、ショウガ、青ネギ、ニンニク

◉刺身

1 2.6で三枚におろしたカツオの身を、長さ方向に半分に切る。4本できる

2 うち2本をそれぞれ幅1cmぐらいに切る。これを「平《ひら》づくり」という（❶❷❸❹❺❻）

3 薬味《やくみ》をつくり、カツオの上にのせて、なじませる

4 器に盛り、ポン酢をつけて食べる

◉たたき

A 身2本に串を打ち、直火《じかび》で表面を焼く（❼）

B 氷水に浸けて、さます

C 串を抜き、7mm幅に「平づくり」にする

D 薬味をつくり、カツオの上にのせて、なじませる

E 器に盛り、ポン酢をつけて食べる

ポイント　たたきは、皮目をしっかり焼くことで、生臭さがぬけ、おいしく食べられる。

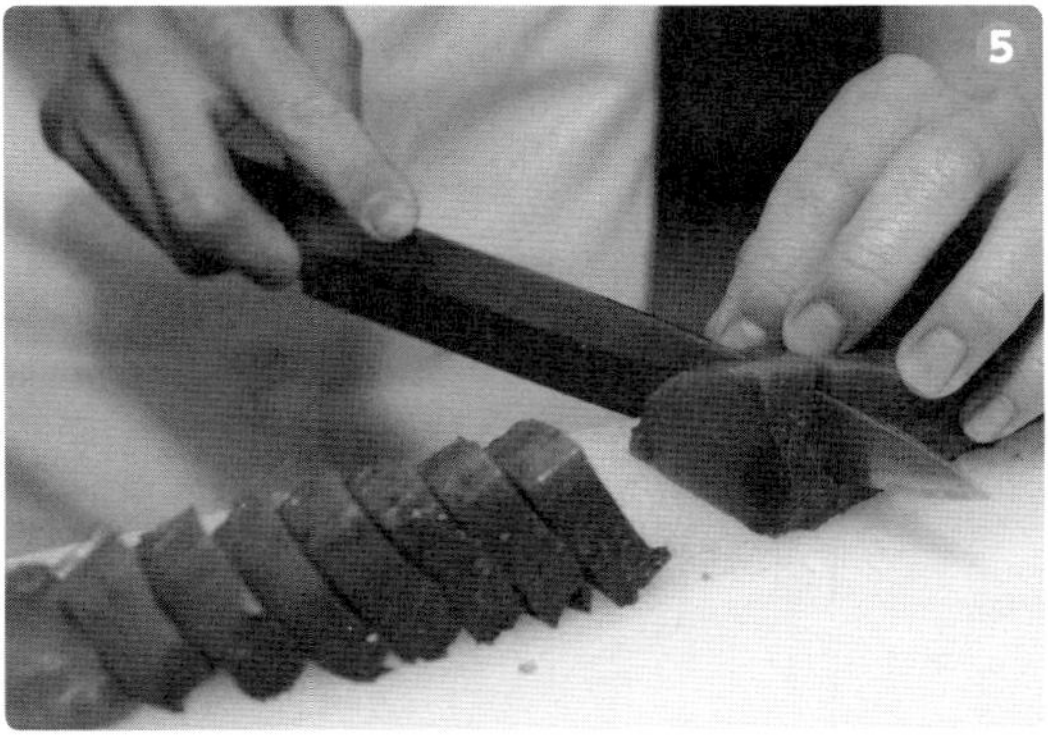

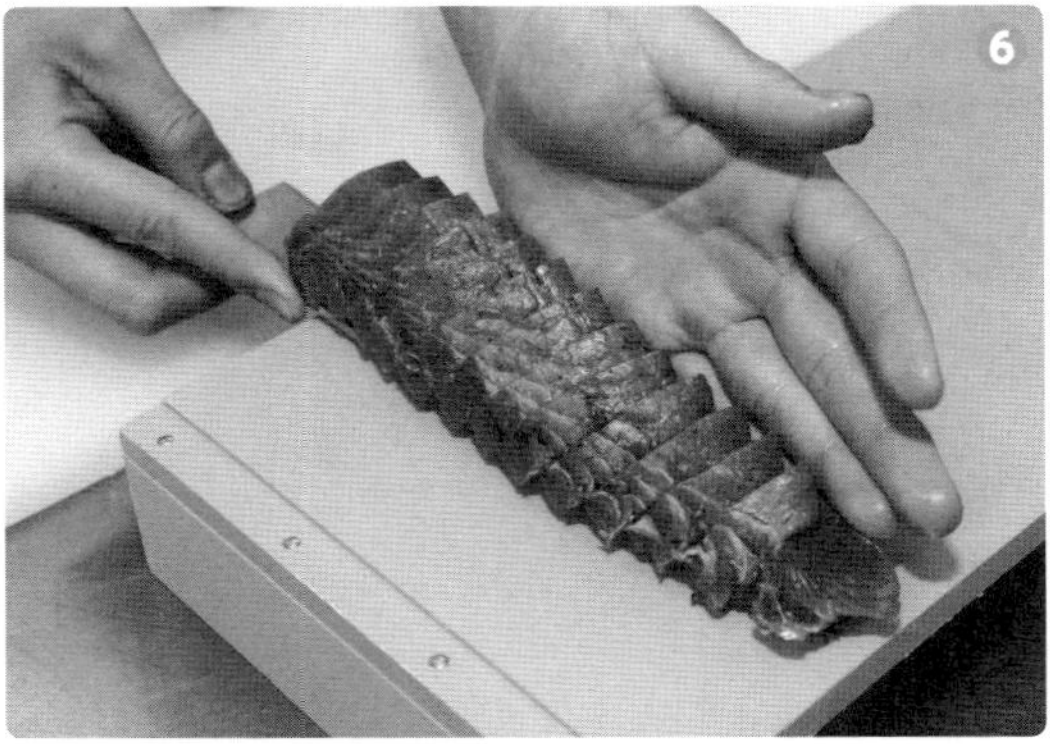

4.7 牛ステーキ

5

6
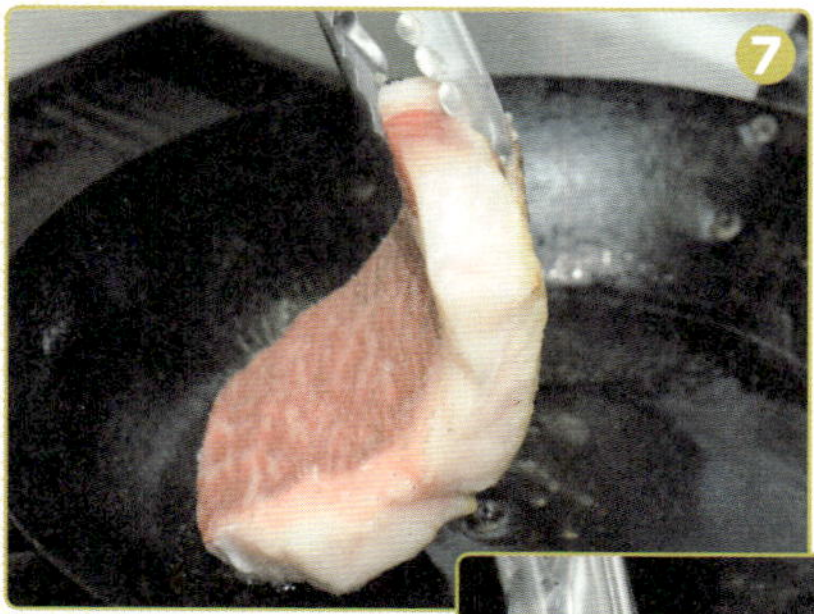
7
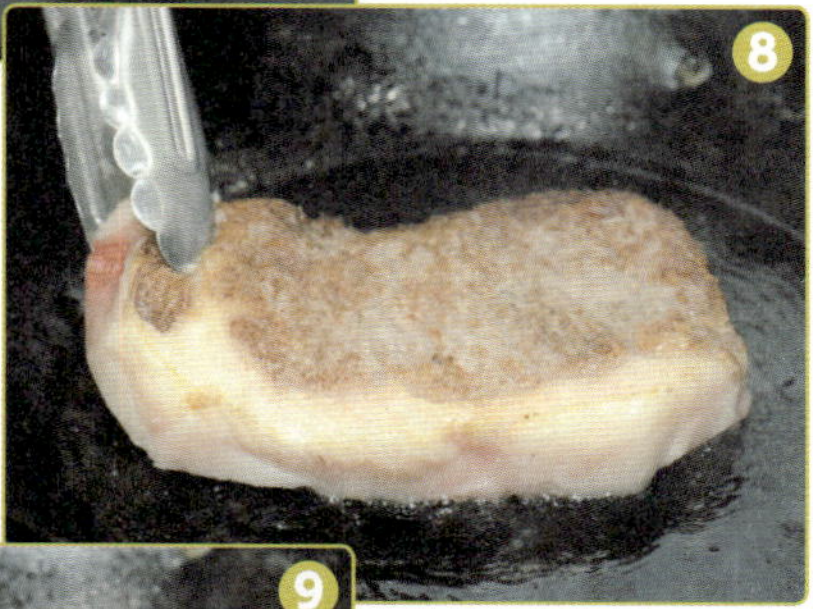
8
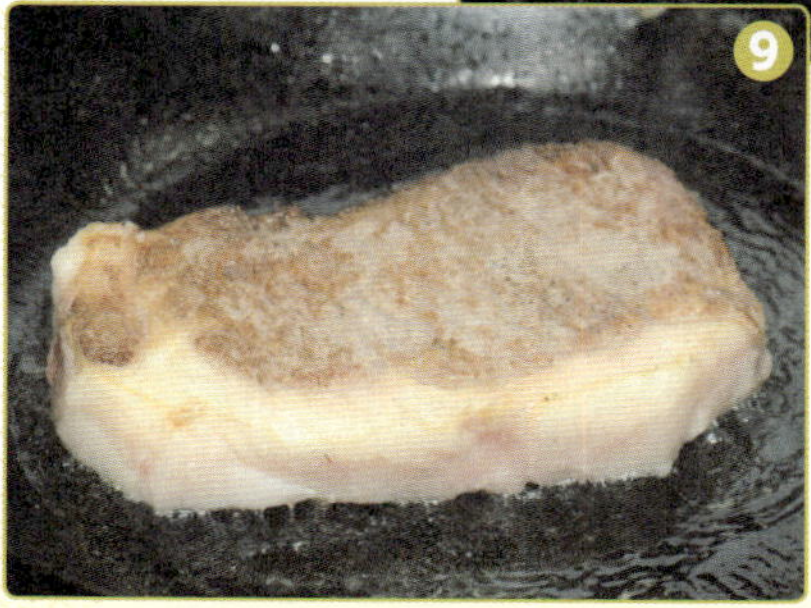
9

材料 牛サーロイン肉ステーキ用200g

調味料 塩・コショウ適量

1 肉を室温におく

2 調理直前に塩、コショウをする(❶❷)

3 フライパンにサラダ油をしき、片面から焼く(❸❹❺❻)

4 色よく焼き上がったら、裏返す(❼❽❾)

5 両面を焼けたら、アルミホイルに包んで、オーブンで焼く(肉が厚い場合)

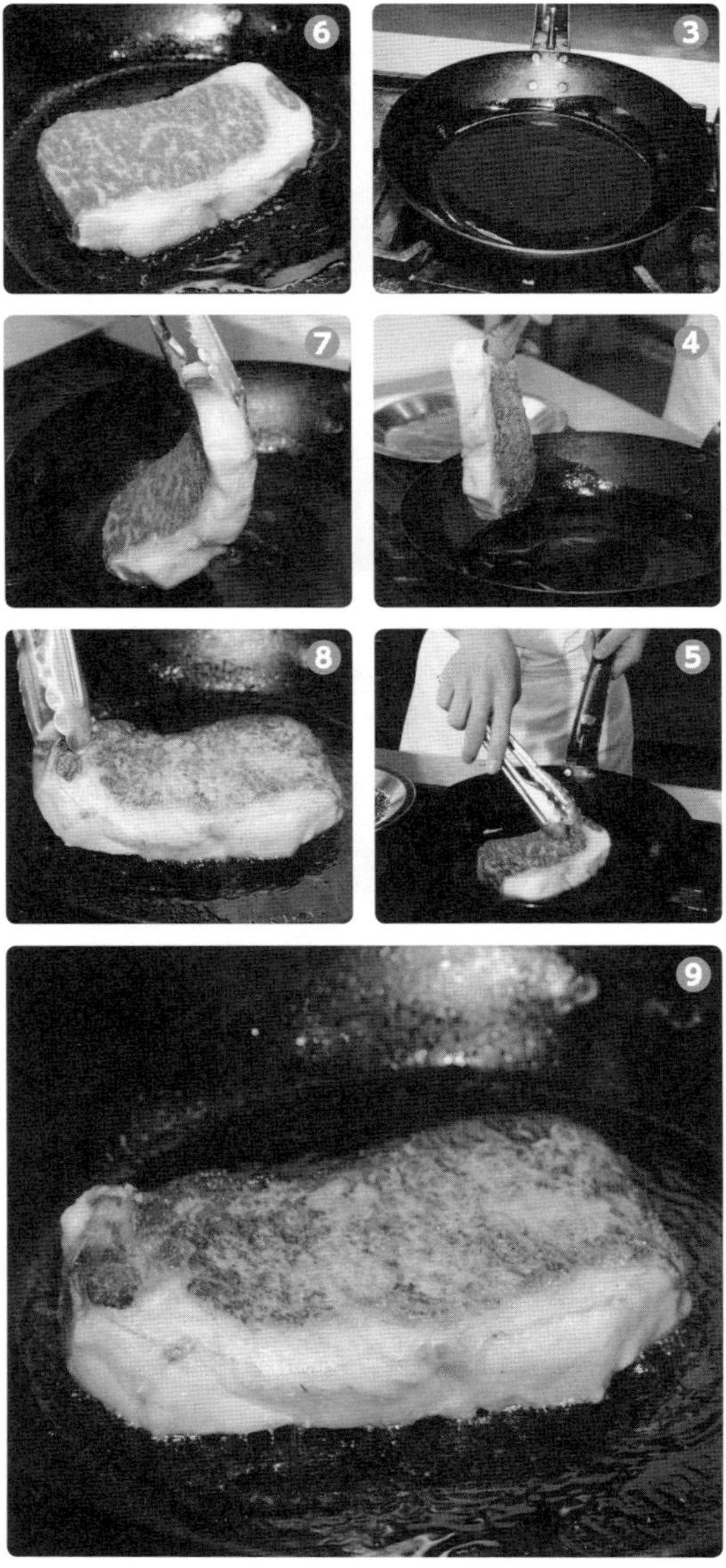

ポイント 片面を二度焼くと、肉汁が出るので、片面の焼きは1回だけにする。肉はやさしく焼こう。

4.8 てんぷら

3

4

5

6

7

8

材料 エビ8尾、カボチャ20g、シメジ40g、シシトウガラシ4本

てんつゆ 一番だし200㎖、みりん50㎖、薄口しょうゆ25㎖、濃口しょうゆ25㎖

1 エビは皮をむき、筋切《すじぎ》りをする。野菜は食べやすい大きさに切る。すべての材料にてんぷら粉をうつ

2 てんぷら衣《ころも》をあわせる。てんぷら粉をふるいにかけ、ダマのないようにする。そこに冷水を入れ、粘りが出ないようにする

3 材料をてんぷら衣にくぐらせ、適温の油に入れて、揚げる（❶❷❸）

4 上げ網などでてんかすをとり、つねに油をきれいな状態にして、つぎのものを揚げる（❹❺❻）

5 皿にしいた紙の上に、彩りよく盛りつける（❼❽）

◉てんつゆのつくり方

1 一番だしにみりんを入れて沸騰させ、アルコール臭さを飛ばす

2 薄口しょうゆ、濃口しょうゆを入れ、再度沸騰したらできあがり

ポイント　揚げる油の温度は野菜160℃、エビ180℃。衣の粘りが出ないように心がけよう。

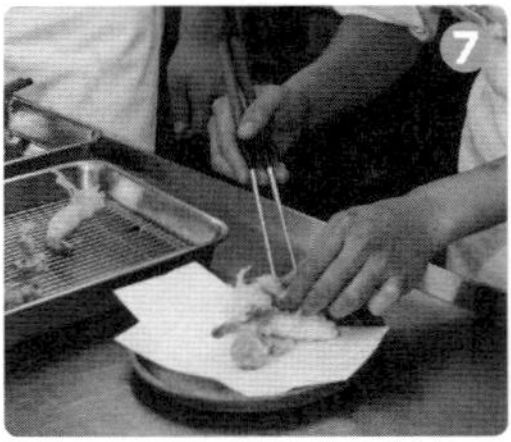

4.9 そうめん

5

6

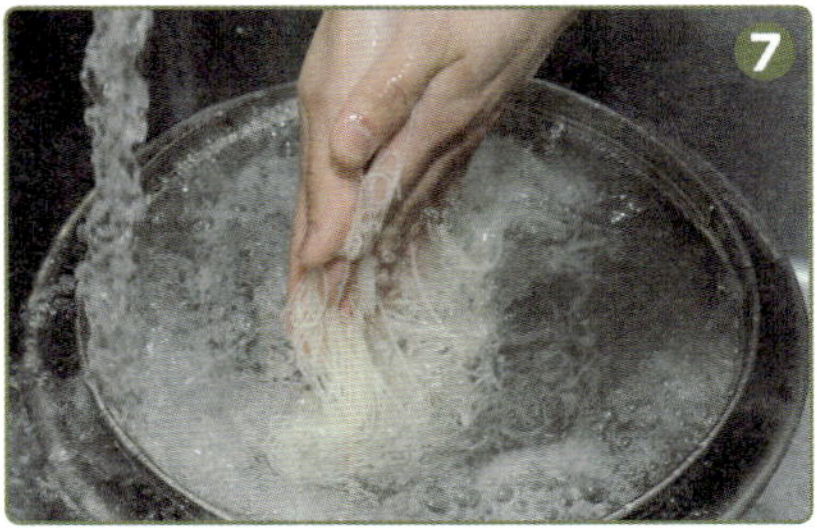
7

8

9

10

1

2

3

材料 そうめん160g、青ネギ2本、ショウガ20g

めんつゆ 一番だし600㎖、みりん100㎖、濃口しょうゆ100㎖

1 たっぷりの湯をわかす

2 ほぐすようにお湯に入れて、ゆでる(❶❷)

3 ゆであがったかどうかは、水の中にそうめんを浸けて冷ましてから、硬さを見るため、食べて確かめる(❸❹)

4 ゆであがったら、ざるにとり、冷水でしっかりもみ洗いする。粉臭さがとれれば、水分を切る(❺❻❼❽)

5 青ネギは小口切りにし、ショウガはおろして薬味にする。器に盛り、めんつゆで食べる(❾❿)

◉めんつゆのつくり方

1 だしにみりんを入れて沸騰させ、アルコール臭さを消す

2 濃口しょうゆを入れ、一煮立ちさせ、氷水で冷やす

3 冷たいめんつゆのできあがり

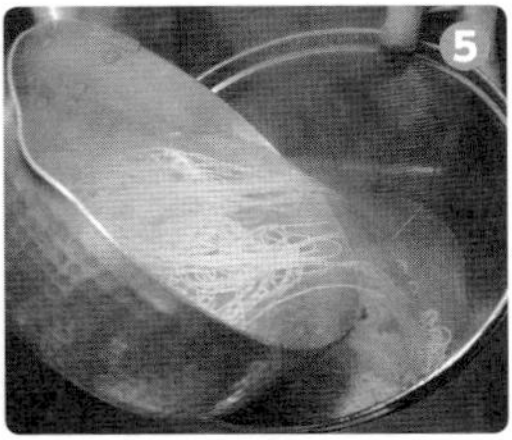

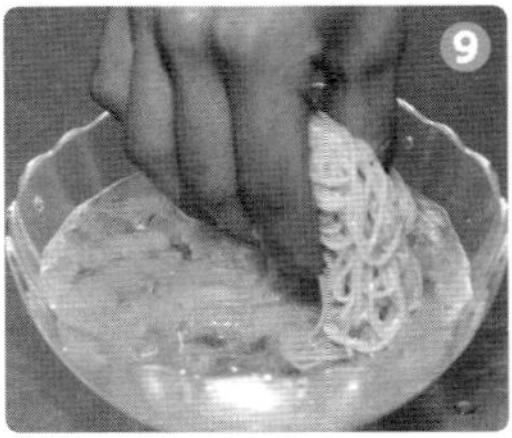

ポイント しっかりともみ洗いする。ゆで加減をみるときは、水に落とすことでわかりやすくなる。

4.10 焼きそば

5

6

7

8

9

10

材料 麺《めん》600g、豚ばら肉160g、キャベツ200g、タマネギ200g、ニンジン120g、カツオぶし・紅ショウガ適量

調味料 塩・コショウ適量

1 食材を食べやすい大きさに切る。肉も切っておく

2 フライパンに油を入れ、肉を炒め、火が通ったら、野菜を炒める(❶❷❸)

3 塩・コショウを入れ、全体にまわるよう、かきまぜる(❹)

4 焼きそば麺を入れて、水を加え、ほぐすように炒める(❺❻❼)

5 全体が混ざればできあがり

6 皿に盛り、上に紅ショウガとカツオぶしをかける(❽❾❿)

ポイント

麺をほぐしすぎると、ぶつぶつ切れておいしくなくなるので、ほぐしすぎないように。麺は、あるていど焦《こ》がして焼く。

4.11 炊きこみごはん

5

6

7

材料 米2カップ、ニンジン30g、ゴボウ20g、油あげ20g、青ネギ1本

調味料 一番だし440㎖、みりん8㎖、濃口しょうゆ30㎖、塩小さじ¼、酒15㎖

1 米を洗って、30分水に浸けておく

2 具になる油あげと野菜（ゴボウ、ニンジン、少しの青ネギ）を切っておく

3 だし汁に調味料を入れ、調味液をつくっておく

4 釜に、水気を切った洗い米と調味液と具を入れて、ごはんを炊く

5 炊きあがったら、しばらく蒸らす（❶）

6 木杓子《きじゃくし》で切り混ぜる（❷❸）

7 器に盛りつけ、上に青ネギをおくと、できあがり（❹❺❻❼）

ポイント 炊きあがったら味を均一にするため、ふんわりと下から混ぜよう。

4.12 親子丼

5

6

7

8

9

10

11

12

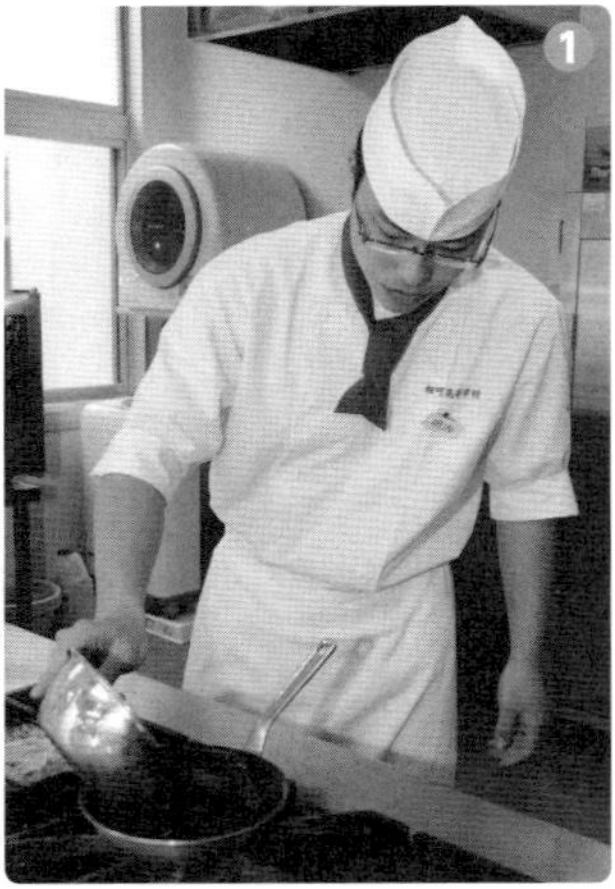

材料 卵8個、鶏もも肉150g、タマネギ1個、ミツバ4本

調味料 一番だし500㎖、砂糖大さじ3、みりん45㎖、薄口しょうゆ50㎖、濃口しょうゆ50㎖

1 鶏もも肉を1・5㎝角に切る

2 タマネギは3㎜幅のうす切りにする

3 調味液をあわせておく

4 小鍋を火にかけ、調味液150㎖と鶏肉を入れ、落しぶたをして、煮こむ(❶❷❸❹❺)

5 火が通りかけたら、タマネギを入れて、さっと煮る(❻❼❽)

6 卵2個をときほぐし、小鍋に流し入れる(❾)

7 卵が半熟になったら、ミツバを入れ、熱いごはんに乗せる(❿⓫⓬)

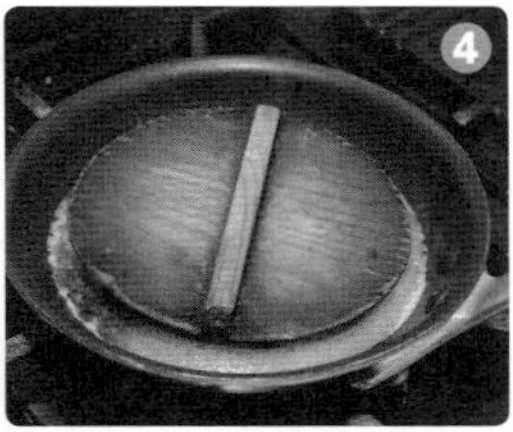

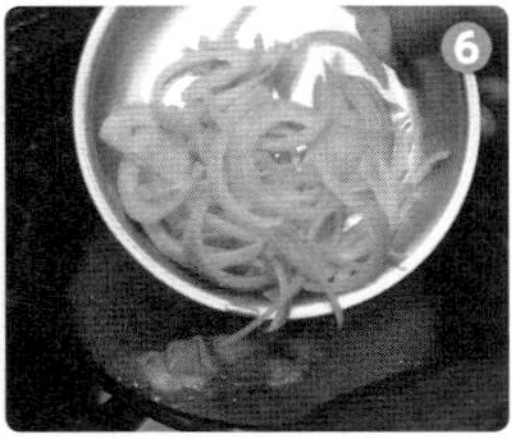

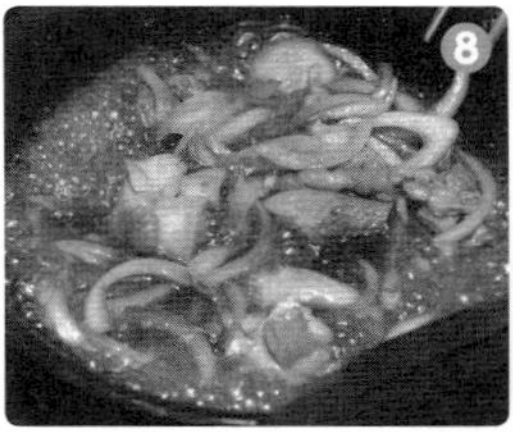

ポイント　鶏肉はしっかり火を通す。卵は煮すぎないように、半熟でできあがり。

4.13 カレーライス

7

8

9

10

11

12

13

14

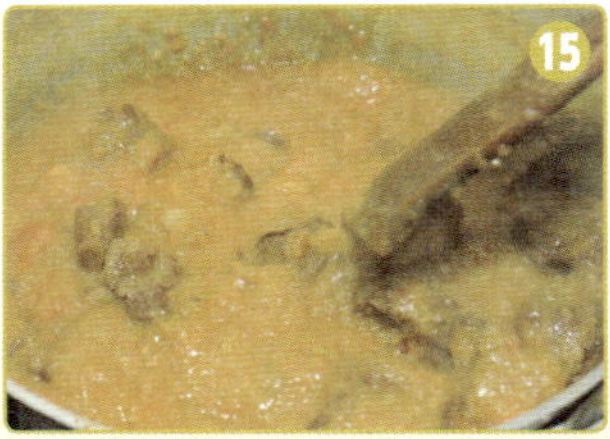
15

16

材料 牛もも肉200g、タマネギ2個、ニンジン½本、トマト1個、リンゴ½個、水1ℓ、カレー粉大さじ1、カレールー(辛口30g、中辛30g、甘口30g)、赤ワイン50mℓ

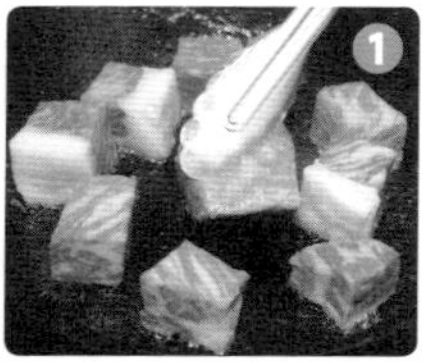

1 肉を一口大に切る(下写真ⓐ)
2 フライパンに油をしき、強火で肉の表面に焼き目をつける(❶❷)
3 肉を鍋にうつす
4 フライパンに赤ワインを入れ、フライパンについたうま味をこそげとり、その液を鍋に入れる(❸❹)
5 新しいフライパンにタマネギのみじん切りを入れ、焦がさないように弱火で炒める(下ⓑ)
6 焦げてきたら、油ではなく、水を少量入れ、じっくり炒めると、飴色《あめいろ》になる(❺)
7 ニンジンのみじん切りを入れ、しばらく炒め、これも鍋にうつす(❻❼)
8 鍋に水を入れ、コトコト煮こむ(❽❾)
9 肉が柔らかくなったら、角切りトマトを入れる(❿)
10 しばらく煮て、おろしたリンゴ(下ⓒ)を入れ、カレー粉も入れる(⓫⓬⓭)
11 お好みで、いろいろなカレールーを入れる(⓮下ⓓ)
12 焦がさないように煮こみ、仕上げる(⓯)
13 お皿に盛った熱々ごはんの上にかける(⓰)

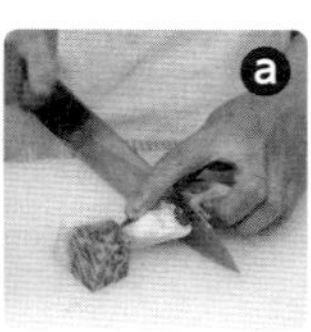

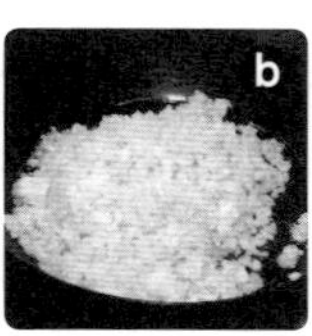

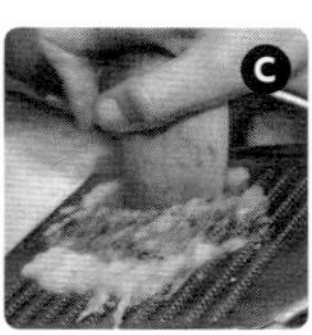

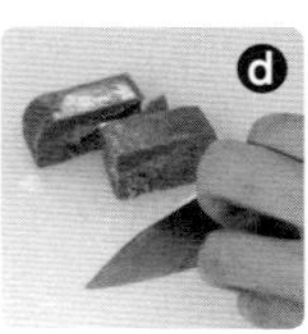

5

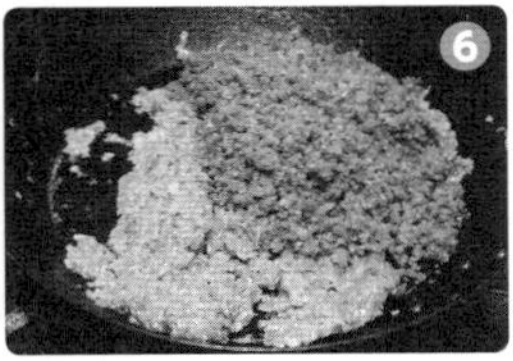
6

7

8

9

10

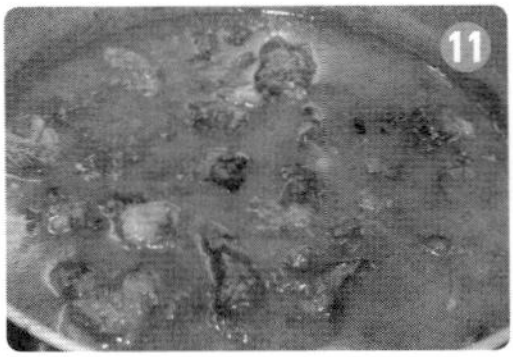
11

12

13

14

15

16

ポイント

タマネギをじっくり炒めると、甘味が出ておいしい。野菜類を細かく刻んで煮こむことによって、ルーの中にうまみが溶け出す。

5
私の一品

調理クラブ3年生部員に「私の一品」をつくってもらいました。2014年4月、3年生になりたての12人が、それまで2年間で磨いてきた技能を駆使して、つくってくれたものです。

それぞれの調理手順については、写真でしめすことはできませんが、文字では記しましたので、読者のみなさんも参考にしながら、つくってみてください。おいしいこと、うけあいです。

ところで、前のページの写真、何をしているところだと思いますか？

ここに出ている5人は、左から、萩原一夏、松田昌也、寺井彩花、河野貴行、高瀬綾介の3年生たちです。この日、「私の一品」をつくったり、4章の基本料理をつくったりしていたのですが、4・13で紹介したカレーライスの肉がおいしく煮えているかどうか、部長である萩原が味見しているところです。

鍋を火にかけていたり、包丁を使っていたりするときは、緊張していますが、このような味見のときなどは、少し緊張が解けてほっとする空気が流れます。おちゃめな萩原の開けた大きな口に、ほかの3年生がつられて張りつめた空気がほころびました。そんな瞬間も、たまにあるのです。

毎年4月、夢一杯の気持ちをもって新入生が入学してきます。この子たちも、ほんの2年前は、みんな、まだあどけない顔をしていました。それから毎日毎日、私におこられながら、料理の技術を習得しました。3年生になると、白衣の着こなしや包丁さばきもいたにつき、プロの端《はし》くれの顔になります。そして、料理の技術だけでなく、心も大きく成長します。

でも、そんな3年生もまだ18歳、ほんとうは、あどけないやさしい心をもつ高校生です。あと少しで、厳しい社会に巣立っていきます。大人になっても高校での出来事は、けっして忘れないことでしょう。みなさんも忘れないでください。自分の夢をかなえるための努力を。

5.1

ポトフ

高瀬綾介

5.2 カキの味噌汁

垣内翔吏

5.1

ポトフ

高瀬綾介

材料（4人分。以後同じ）鶏肉180g、ジャガイモ160g、タマネギ140g、ニンジン100g、キャベツ40g、ローリエ1枚、パセリ適量

調味料（4人分。以後同じ）一番だし1800ml、田舎味噌60g、無塩バター20g

1 ジャガイモ、タマネギ、ニンジン、キャベツ、鶏肉を一口大に切る

2 だしの中へローリエ、鶏肉を入れ、10分ほど煮こみ、ニンジン、タマネギ、ジャガイモを入れて、柔らかくなるまで火を通す

3 味噌を入れて味つけし、コクをもたせるため、バターを入れる

4 歯ごたえが残るように、キャベツを入れ、火が通れば器に盛り、パセリを散らして完成

ポイント 味噌を入れたら、煮こみすぎない。バターで風味をつける。キャベツは、食べる直前に入れると、味・食感ともによくなる。

5.2 カキの味噌汁

垣内翔吏

材料 カキ12粒、ダイコン140g、ゴボウ130g、ニンジン90g、青ネギ1本

調味料 一番だし1600㎖、合わせ味噌80g

1 ダイコン、ゴボウ、ニンジンを切る
2 だし汁に入れ、柔らかくなるまで煮る
3 柔らかくなったら、味噌を入れ、味つけする
4 カキを塩洗いして、水気を切る
5 味噌汁の中にカキを入れ、火を通す
6 青ネギを斜めに笹切りする
7 熱々の味噌汁を器に入れ、青ネギを天に盛る

ポイント カキは、しっかりと塩洗いすることで生臭さがとれる。カキを煮すぎない。

5.3 しょうゆ味芋煮

萩原一夏

5.4

味噌味芋煮

河野貴行

5.3

しょうゆ味芋《いも》煮《に》

萩原一夏

材料 サトイモ400g、牛こまぎれ肉200g、ゴボウ130g、ニンジン120g、白ネギ100g、シメジ60g

調味料 カツオだし1600㎖、濃口しょうゆ70㎖、みりん100㎖、酒100㎖、砂糖小さじ2

1 サトイモの皮をむき、食べやすい大きさに切る

2 ゴボウは乱切り、ニンジンは7㎜ほどのイチョウ切り

3 白ネギは厚めの斜めスライス、シメジは1㎝ほどに切る

4 カツオだしにサトイモ、ゴボウを入れて煮る

5 サトイモ、ゴボウに火が通ったら、牛肉、ニンジン、シメジを入れる

6 酒を入れて、一度沸騰させ、分量の調味料を入れて煮る

7 白ネギを入れ、軽く煮て完成

ポイント 野菜を柔らかく煮る。白ネギは食感を残すため、軽く煮るだけにする。

5.4

味噌味芋煮

河野貴行

材料 サトイモ400g、牛こまぎれ肉200g、ゴボウ130g、ニンジン120g、白ネギ100g、シメジ60g

調味料 カツオだし1600ml、酒100ml、田舎味噌40g

1〜5 はしょうゆ味芋煮と同じ

6 酒を入れて、一度沸騰させ、味噌を入れる

7 白ネギを入れ、軽く煮て完成

ポイント 味噌は最後に入れる(「さしすせそ」の「そ」が味噌)。

5.5

牛肉とホウレンソウの卵とじ

淺井結妃

5.6 治部煮

後藤千奈

5.5

牛肉とホウレンソウの卵とじ

浅井結妃

材料 牛こまぎれ肉150g、ホウレンソウ1袋、卵2個

調味料 一番だし400㎖、薄口しょうゆ大さじ2と⅔、砂糖大さじ2

1 ホウレンソウをゆで、5㎝の長さに切る

2 分量の煮汁をあわせ、5㎝幅に切った牛肉薄切りを入れて煮る

3 牛肉に火が通ったら、ホウレンソウを入れ、溶き卵を入れて火を通す

4 器に盛りつける

ポイント 卵に火を通しすぎないようにして、ふわっとした状態に仕上げる

5.6

治部煮《じぶに》

後藤千奈《せんな》

材料 合鴨《あいがも》ロース肉80g、干しシイタケ2枚、コマツナ1束、すだれ麩《ふ》40g、タケノコ60g、高野《こうや》豆腐《どうふ》⅓枚、よもぎ麩120g、ニンジン20g

調味料 （野菜を煮る分量）一番だし600㎖、みりん80㎖、薄口しょうゆ40㎖、塩小さじ1
（合鴨を煮る分量）一番だし300㎖、みりん100㎖、濃口しょうゆ45㎖

1 タケノコは米ぬかとタカノツメを入れて、柔らかくなるまでゆでる
2 柔らかくなったら、水にさらし、食べやすい形に切る
3 干しシイタケは4等分、タケノコはくし形に切る。ニンジンは花にむく。高野豆腐は水でもどし、4等分に切る
4 よもぎ麩は1㎝幅に切る。すだれ麩は結ぶ。コマツナは3㎝の長さに切る
5 野菜を煮る分量ですべての野菜を煮て、最後によもぎ麩、すだれ麩を煮て、柔らかくなれば、コマツナを入れる
6 合鴨を斜めにそぎ切りし、小麦粉をうち、分量の煮汁で煮る

ポイント 合鴨肉は沸騰した煮汁に入れ、煮すぎないようにする。

5.7

豚肉と白菜の炊き合わせ

井上拓海

5.8

和風ステーキ

井上拓海

5.7

豚肉と白菜の炊きあわせ

井上拓海

材料 油あげ80g、ニンジン80g、ハクサイ200g、豚肉120g、シイタケ4個

調味料 一番だし800㎖、砂糖80g、薄口しょうゆ60g

1 ニンジン、シイタケ、ハクサイを食べやすい大きさに切る

2 油あげは5㎜幅に切る

3 だしの中にニンジン、シイタケ、ハクサイを入れて煮る

4 柔らかくなったら、豚肉、油あげを入れて、火を通す。砂糖、薄口しょうゆを入れて、できあがり

ポイント 豚肉を煮すぎると硬くなるので、鍋に入れたら煮すぎない。

5.8

和風ステーキ

井上拓海

材料 牛サーロイン肉800g、キャベツ30g、ニンジン30g、タマネギ½個、ピーマン30g

調味料 塩・コショウ適量、煎りゴマ20g

1 いろいろな野菜を炒めて、つけあわせにする

2 牛サーロインをかたまりのまま、両面をしっかり焼く

3 焼き上がり後、アルミホイルに包み、約10分おく

4 食べる前にホイルを外し、薄切りにして器に盛り、塩、コショウ、煎りゴマをふる

ポイント アルミホイルに包んで余熱調理をすることで、肉が柔らかくなり、切ったときに肉汁が出にくくなる。

5.9

カツオ茶漬け

松田昌也

1
2
3
4
5
6
これに
お湯をかけて
できあがり

5.9

カツオ茶漬け

松田昌也

材料 米2カップ、カツオ200g、ミョウガ1個、青ネギ1本、ぶぶあられ・きざみのり・すりゴマ・ワサビ適量

たれ 濃口しょうゆ100㎖、グラニュー糖50g

1 ごはんを炊く

2 カツオを5㎜幅の切り身にする

3 約10分、たれに漬けこむ

4 つけだれを切り、ごはんの上にカツオを乗せ、きざみのり、すりゴマ、ぶぶあられ、青ネギ、ミョウガ、ワサビを盛る（前ページ写真❷〜❻）

5 熱いお湯をかける

ポイント お湯がぬるいと生臭くなるので、熱いお湯をかける。カツオは半生の状態で食べるとおいしい。

ミニ知識② うま味の相乗作用

「1.1 一番だしをとる」でつくった一番だしは，コンブとカツオぶしでつくりました．「1.3 うどんのだしをつくる」では，一番だしにウルメぶし，サバぶし，カツオぶしを加えました．これらの材料には，うま味成分として，コンブにはグルタミン酸塩が，カツオぶし，ウルメぶし，サバぶしや煮干しにはイノシン酸塩が含まれます．コンブとカツオぶしなどを合わせて使うのは，うま味の相乗作用という効果を利用しているのです．下のグラフを見てください．グルタミン酸塩だけやイノシン酸塩だけの場合よりも，半分ずつ混ぜた場合のほうが，うま味がはるかに強いことがわかりますね．

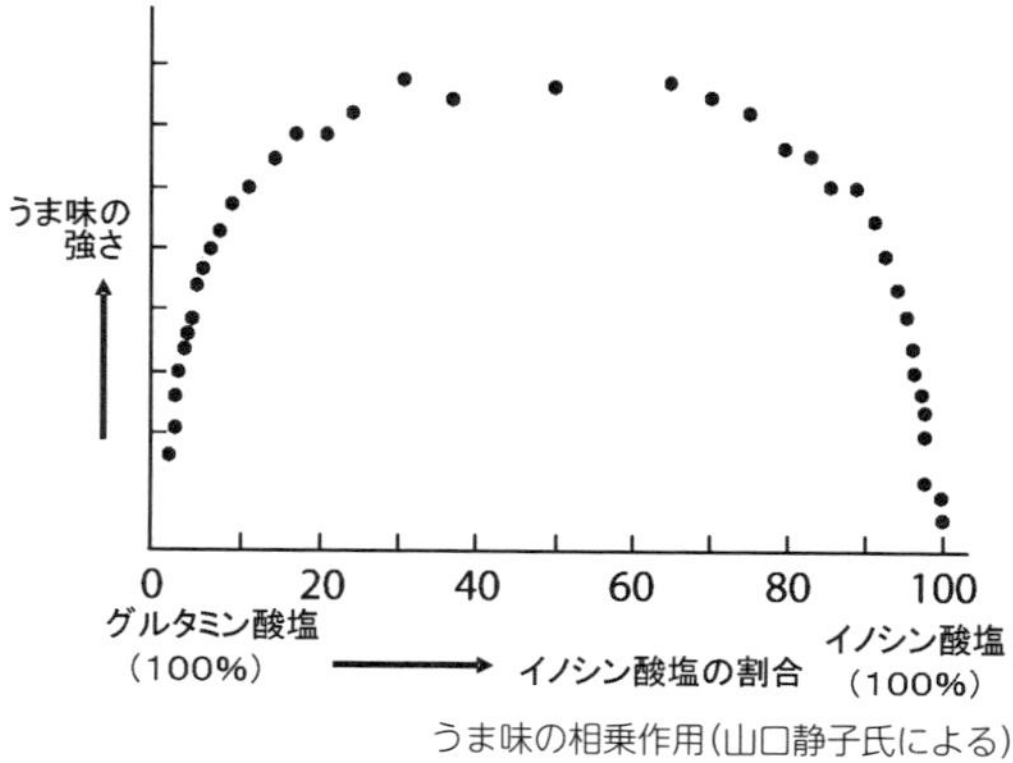

うま味の相乗作用（山口静子氏による）

5.10

カツオ手こね鮨

寺井彩花

5.11 和風スパゲッティ

宮崎智帆

5.10

カツオ手こね鮨

寺井彩花

材料 米2カップ、カツオ100g、卵2個、オオバ4枚、板のり1枚、すし酢60㎖

たれ 濃口しょうゆ100㎖、グラニュー糖50g

1 カツオを5㎜幅の切り身にする

2 約10分、たれに漬けこむ

3 ごはんを炊く

4 熱いごはんにすし酢を混ぜ、酢飯をつくる

5 薄焼き卵を焼き、千切りにする

6 オオバを刻む

7 器に酢飯をのせ、板のり、錦糸卵《きんしたまご》、最後にカツオをのせ、天にオオバをのせる

ポイント カツオをしょうゆだれに漬けこむことで、保存がきく。三重県の代表的な郷土料理。

5.11

和風スパゲッティ

宮崎智帆

材料 パスタ320g、オオバ6枚、トマト2個、きざみのり・カツオぶし適量

調味料 濃口しょうゆ大さじ2、塩・コショウ適量

1 トマトを湯むきし、それを1㎝角に切る

2 オオバを千切りにする

3 たっぷりの湯でスパゲッティをゆで、ゆであがったら水気を切る

4 フライパンにオリーブオイル、ゆでたスパゲッティ、トマトを入れて軽く炒め、濃口しょうゆ、塩・コショウで味つけし、最後にオオバを入れて混ぜる

5 皿に盛り、きざみのり、青のり、カツオぶしを天に盛る

ポイント スパゲッティは、炒めすぎると硬くなるので、炒めすぎない。

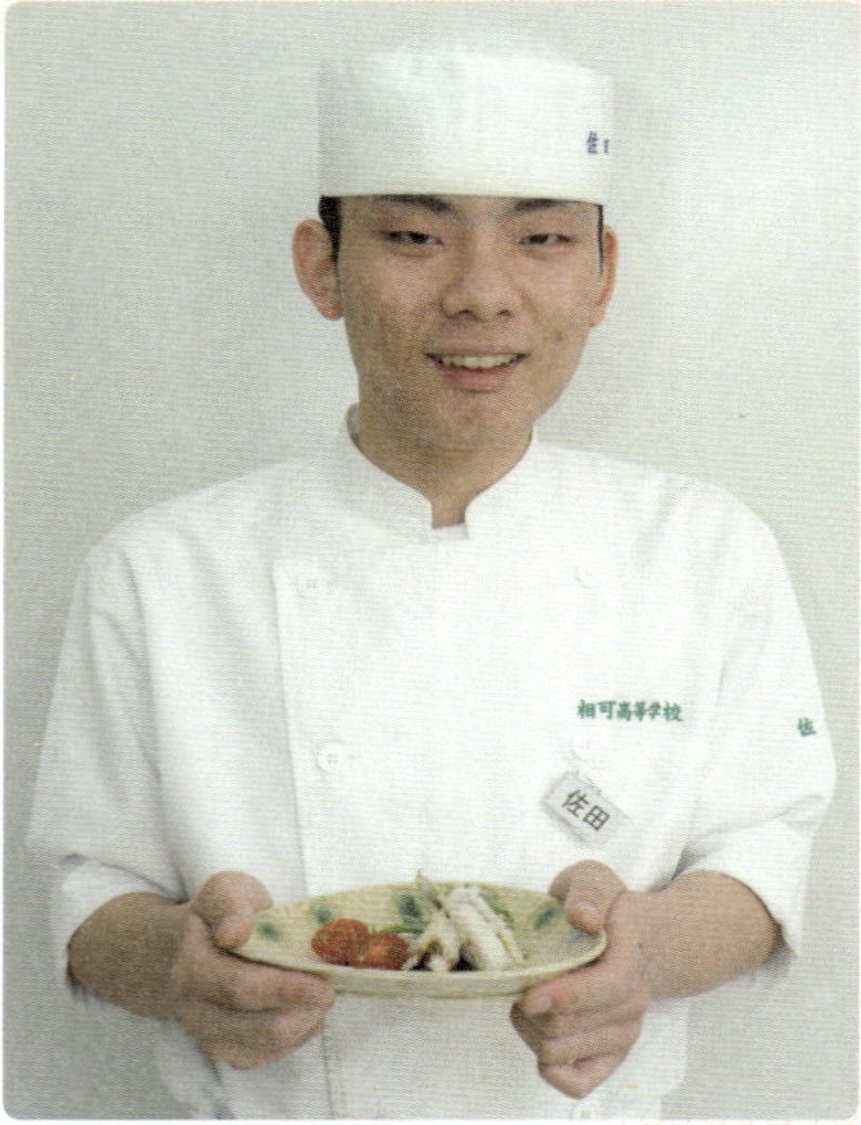

5.12

洋風アナゴてんぷら

佐田大樹

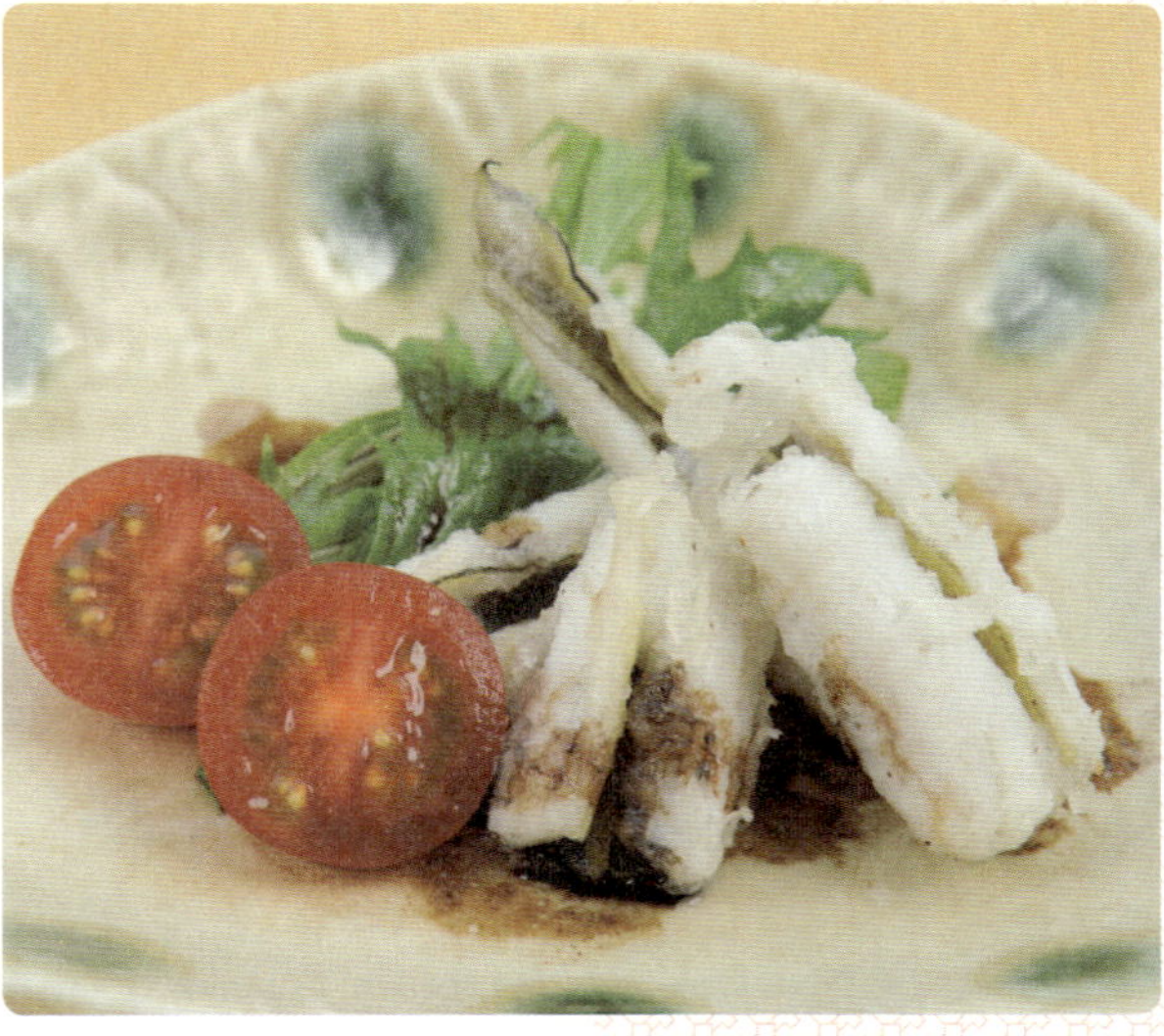

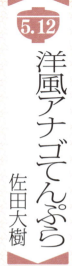

5.13 ホタテしんじょう吸い物

竹内杏果

5.12

洋風アナゴてんぷら

佐田大樹

材料 アナゴ2尾、ミズナ2束、米粉適量

調味料 バルサミコ酢100㎖

1 アナゴを開き、ヒレを切りとり、ぬめりをとる

2 米粉を表面に打ち、水で溶いた米粉をつけて、カリッと揚げる

3 バルサミコ酢を煮つめ、酸味を飛ばす

4 器にトマトやミズナを盛り、アナゴをのせ、上からバルサミコ酢をかける

ポイント アナゴは、しっかりぬめりをとることで、生臭さが消える。バルサミコ酢は、酸味を飛ばすと甘くなる。

5.13

ホタテしんじょう吸い物

竹内杏果

材料 すり身400g、ホタテ4個、卵黄1個

調味料 コンブだし320㎖、塩4g、薄口しょうゆ4㎖、油50㎖、一番だし1200㎖、薄口しょうゆ10㎖、塩小さじ1

1 卵黄を泡立て器で混ぜながら、油を少しずつ入れ、「卵の素《もと》」をつくる。
2 すり身をすり鉢であたり、分量の調味料と卵の素を入れる
3 ホタテを5㎜角に切り、すり身に混ぜる
4 蒸し缶に入れ、約15分蒸し、火を通す
5 一番だしに、塩と薄口しょうゆで味つけする(=吸い地)
6 ホウレンソウの軸をゆで、吸い地に漬ける
7 ユズの皮を千切りにする
8 ホタテしんじょうが蒸しあがったら、四角く切って器に盛る
9 軸ホウレンソウとユズを添え、熱い吸い地をはる

ポイント しんじょうは蒸しすぎると硬くなるので、15分以上は蒸さない。

6
お弁当をつくろう

❖弁当の第一条件

相可高校は、調理実習以外の日は、弁当持参の高校生活です。ほとんどの生徒が手づくり弁当です。

自分でつくっている？

いえ、家族の人がつくっています。学校の調理実習では、究極のおいしい料理をつくることをめざしていますが、ふだんの日は、朝早くから家族がつくった弁当を持参して、遠いところから登校しています。

早い人は、おそらく朝5時にはつくりあげています。スピードメニュー、これ弁当の第一条件です。

❖新2年生部員ががんばってつくった

2014年4月、新2年生部員にオリジナルお弁当をつくってもらいました。

今回は、ふだんつくらない生徒がつくりました。ですから、毎日食べている自分の弁当を参考に、試行錯誤の連続でした。

弁当が家庭料理の中でいちばん難しいかもしれません。生徒は、みなさんに見ていただくため、少しプロ根性を出して、がんばってつくりました。

このとおりに朝からつくったら、ぜったいに学校は遅刻です。でも、どれも心をこめてつくったので、おいしかったことは「はじめに」で述べたとおりです。

この章では、つくった2年生部員に、誰に食べてもらいたいか、どんなコンセプトでつくったか、工夫したのはどんなところか、をそれぞれかんたんに説明してもらいました。

1

2

3

4
山口

5
氏原

6

❶ 吉本梨乃《りの》

母につくってあげたいお弁当です。アジを三枚におろして、厚さをそろえるため、観音開《かんのんびら》きにし、オオバを乗せ、巻いて、てんぷら粉をつけて揚げました。いつも練習しているだし巻き卵を入れ、彩りにカボチャ、ニンジン、キヌサヤをつけました。

❷ 合田紗良《ごうださら》

自分で食べたいもの、体にいいものを意識してつくったお弁当です。揚げ物では、アジのフライをつくりました。白味噌をつけ、オオバで巻き、衣《ころも》をつけて揚げました。白いものがほしいと思い、母がよくつくってくれたハンペンのチーズはさみをつくりました。

❸ 崎《さき》 楓真《ふうま》

冷めてもおいしい変わり揚げをつくりました。焼き物も煮物もうす味にして、料亭のお弁当のような上品な感じに仕上げました。

❹ **山口夏菜《かな》**

ジャコを使いたいと考え、ごはんにジャコに合う薄口しょうゆで味つけをし、ゴマ、ネギを散らしました。「まごの店」で出している牛しぐれ煮を入れ、カニかまを結んで色づけにしました。自分で食べたいお弁当です。

❺ **氏原茉莉《うじはらまり》**

骨が発達する同年代に食べてもらいたいお弁当です。カルシウムを多く含むコマツナやシラスを使いました。栄養バランスを考えてつくりました。サヤインゲンはゆでて八方《はっぽう》だしに浸けました。

❻ **酒井晴哉《はるや》**

自分が大好きなアマダイの串焼《くしや》きがポイントです。焦げ目をつけないように、焼き加減に気をつけて焼きました。おかずの種類を多めにしようと思って、野菜を入れるように努力しました。

7
杉山

8

9

10

11
田中

12
土屋

❼ **杉山里那美《りなみ》**

好きなおかずをたくさん入れ、見栄えもきれいな感じのお弁当にしました。好きでよく食べる肉巻きがメインです。ポテトサラダやオオバ、ウメ、チーズを巻いています。

❽ **清水天規《たかのり》**

ごはんはチキンライス、西洋料理っぽく見せて小さい子も楽しめるお弁当にしました。たこのマリネは酢の物にも見え、ローストビーフはしょうゆとみりんで和風の味つけにしました。

❾ **中村こはく**

同世代の人に向けて、元気のないときに元気を出してもらえるようにと考えてつくったお弁当です。炒《い》り卵とカボチャほたてコロッケの黄色の色、ジャガイモ餅《もち》の中にはニンジンとエビを入れ、食感を楽しみ元気を出してもらえるようにしました。

❿ **中村朱李《あかり》**

春の季節感を重視した野菜いっぱいのお弁当です。タケノコごはんにはサンショウで香りをつけ、春巻きには中におから、こんにゃく、ニンジン、エダマメを詰めました。

⓫ **田中侑《ゆう》**

運動する人に食べてもらいたい、ボリュームたっぷりのお弁当です。イカにカレー粉、パン粉をつけて揚げました。カレー粉は、1年生のときに出させていただいた「カレー甲子園」が先輩方といっしょに出て印象に残ったので、使いました。

⓬ **土屋雅《みやび》**

おいしいものを食べながら健康になれるお弁当です。ごはんに乗せたそぼろは、水にといたカタクリ粉をつけ、口当たりがいいようにパラパラに仕上げました。シイタメ、シメジ、エノキとキノコ類を多く使い、砂糖を使わず、マヨネーズを少しだけ使って味つけしています。

13

14

15

16
野崎

17
立松

18

⑬ 嶋垣萌恵《もえ》

中学の運動部でいっしょだった友達に食べてもらいたい栄養バランスを重視したお弁当です。ささみ揚げや焼きザケ、肉ジャガでタンパク質を、いろんな野菜でビタミンをとれるようにしました。このお弁当を食べて、大会などに挑《いど》んでもらいたいです。

⑭ 福井麻琴《まこと》

高血圧の方に食べてもらいたい、自然食のお弁当をつくりました。卵とベーコン以外はほとんど野菜のおかずです。素材本来の味を保ちながら、色の明るさも重視し、野菜自体のもつ色でまとめました。

⑮ 北角大揮《きたずみたいき》

春を味わってもらえる遠足のお弁当です。タケノコとサクラエビが季節感の代表で、赤い色をポイントにしました。

⑯ **野崎栞里《しおり》**

おなかが空きやすい高校生のためのお弁当です。唐揚げにはニンニクじょうゆで下味をつけました。アジはネギ味噌を塗って焼きました。

⑰ **立松麗華《れいか》**

自分の好きなものでまとめたお弁当です。春を感じる3色のそぼろごはんに、おかずは唐揚げとウインナー、サラダはカニかま、キュウリ、サニーレタスをマヨネーズであえました。

⑱ **林 侑矢《ゆうや》**

かわいらしく、見た感じで喜んでもらえるヘルシーなお弁当です。トマトは中をとって卵サラダを入れ、マカロニは味つけを濃くして、ごはんが食べられるようにしました。

19

そ!!
高校
gh School

廊下の壁に
はられている
ポスター

⑲ **濱口風太《ふうた》**

自分が食べたくて、好き嫌いの少ないお弁当を考えました。ヒジキハンバーグは脂分をひかえて和風あんかけソースをかけ、ジャコごはん、甘辛く炊いたシメジの佃煮など、一番だしの味を大切にしています。

⑳ **濱田さくら**

ふたを開けた瞬間にうれしくなるようなお弁当をと考えてつくりました。野菜をたっぷり使い、彩りも明るくしています。レンコンには鶏肉をつめて揚げ、食感も味わってほしいと思います。

三重県立相可高等学校

▲相可高校正門

祝 やったぞ相可高校! 三重県ふぐ取り扱い免許合格率 県下NO1 「めざせスペシャリストへの道」
祝 松阪肉牛共進会本選出場
祝 めざせ日本一 調理技術オリンピック全国大会出場 「相可高校で学んだ3年間の成果を 全国のプロを目指す学生に伝えよう」

祝 全国高校新聞 年間紙面審査 入賞
祝 やったぞ日本一! 全国料理コンクール優勝

私の好きな料理③

萩原一夏《いつか》◉ナスとピーマンの炒め煮

私の好きな料理は，祖母がつくってくれる，ナスとピーマンの炒め煮です．

基本はしょうゆ味ですが，ときどき味噌味に変えたりします．

私がこの料理を好きなことを祖母も知っているので，私が家に帰ったときはかならずつくって待ってくれています．

就職し，引きつづき，家を離れますが，家に帰ったときはいつもごはんをつくってくれていた祖母や母に代わって，おいしい料理をつくって，家族のみんなに食べてもらいたいです．

松田昌也《まさや》◉エビチリ

この相可高校食物調理科に入り，まず日本料理，西洋料理，中華料理を１年間通して学ぶ．その中で僕は中華料理が好きだった．強い火力で，大きな鍋を振っている姿がかっこよくて，料理の味も中華料理が一番好きだった．

そして，２年生で進路を決めていく中で，将来自分がどんな料理をしたいかを先生に言う．もちろん，僕は中華料理がしたいと言った．２年生では現場学習としてお店に研修にも行く．研修しているうちに，どんどん中華料理の魅力に引きこまれていった．

就職先も中華料理のお店に行く．将来は今までにない中華料理を考え，お客様に提供したい．これからも百折不撓の精神で志を貫きたいと思う．

ちなみに，僕の好きな料理は「エビチリ」だ．

コラム

宮崎智帆《ちほ》◉ペペロンチーノ

私の好きな料理は，ペペロンチーノです．私の父は料理人です．父のようなかっこいい料理人になりたくて，相可高校に料理を学びにきました．

そんな父が貴重な休みの日にいつもつくってくれる料理が，パスタです．その中で私が一番好きなのが，ペペロンチーノです．オイルベースのシンプルなパスタですが，味を決めるのがとても難しい料理です．そんなパスタを，いつも完璧な味つけでおいしくつくってくれる父は，私の憧れです．

これから父にどんどん料理を学んで，立派な料理人になりたいです．

2014 年 12 月 23 日 16 時 46 分
相可高校調理室でまかないを食べる.
おなかが空いているのでおいしい！

7

調理クラブ部長・

松田昌也の長い長い2日間

❖2014年12月23日(火)

5時00分 起床。
5時30分 母の車で相可高校へ。
6時15分 相可高校着。更衣室で白衣に着替え、調理室へ。まずは、お弁当の準備。クリスマス直前ということで、いつもつくっているお弁当とは少し中身もちがう「クリスマス特製弁当」をつくった。
8時40分 まかないのうどんができたので、みんなで食べる。座る暇もないので、立ったままで食べる。「まごの店」の準備をする。
9時00分 マイクロバスに「まごの店」へ持っていく食材などを積みこみ、出発。
9時15分 「まごの店」に到着。積みこんでいた食材などをみんなで降ろし、厨房へ運ぶ。それぞれの配置につき、料理の盛りつけやテーブルのセッティングをはじめる。
10時30分 朝礼。今日は僕たち3年生にとっては最後の「まごの店」の営業だ。3年間、楽しいときや苦しいこともあったけど、がんばってみんなで乗り越えてこられた。そんな気持ちをこめて、お客様に対するあいさつの練習をみんなでそろってする。いつもより大きい声を出したし、3年生のおじぎはいつもより深い気がした。「よし、最後だ、しっかり

6：51　調理室で準備

8：05　クリスマス弁当の
箱詰め

8：48　まかないを食べる

8：57　「まごの店」へ持っていくものを車に積みこむ

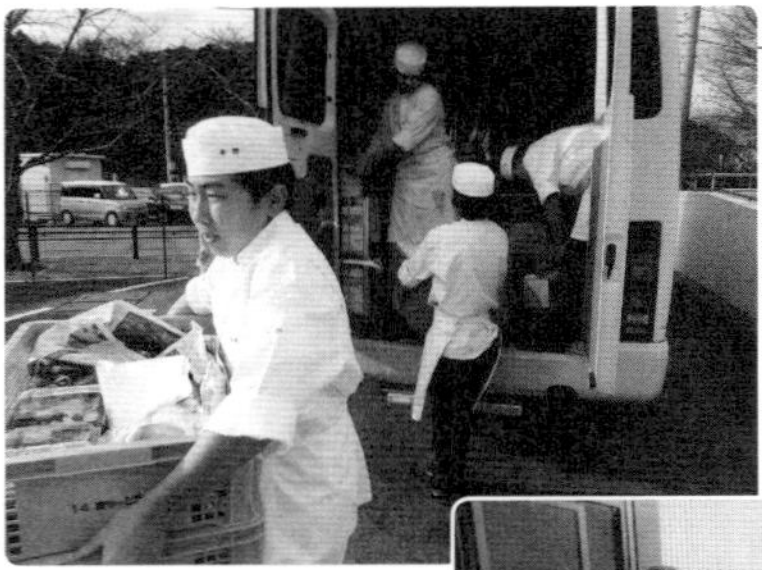

9:16　車から下ろす

9:23　早くから外で開店を待ってくださるお客様

10:32　朝礼

11:35　開店後の店内

やるぞ」という気合いが入っているのだろう。

11時00分　「まごの店」開店。朝早くから待ってくださっていたお客様が、接客係の生徒の案内で、つぎつぎとテーブルに着いていく。テーブルで注文をうかがった接客係の生徒が、厨房の近くに来て「花御膳3つ、お願いします」などと大きな声で言う。厨房に入っている僕たちは「ありがとうございます」と大きな声で返し、調理をはじめる。僕は野菜のてんぷらを揚げていた。

13時30分　「まごの店」閉店。今日は土日とちがうので、開店することを知っているお客様と、たまたま通りかかって開店に気づいたお客様が来られただけなのであろう。しかも、外は寒い。そんなこともあって、用意していた食材が少し残ってしまった。でも、「クリスマス特製弁当」は売り切れたのでよかった。

調理器具や食器、ガス台、換気扇などをきれいに洗い、テーブルや椅子、床などもきれいに拭く。トイレの床はもちろん、便器もきれいにする。僕らの大切な活動の場である「まごの店」は、お客様に僕らのつくった料理をおいしく食べていただくためにも、清潔にしておきたい。そんな一心で、クラブ員みんなで大切に使ってきている。先輩から引き継いだこの店が、後輩にもずっときれいに使われていくことを信じている。

14：00　閉店後の玄関

14：25　トイレをきれいにする

14：30　店内をきれいにする

16：17　まかないをつくる

15時45分　相可高校着。残った食材などを運びこむ。しかし、今日の活動はこれで終わりではない。明日は3つの料理教室がある。なので、その準備をするのだ。

16時40分　まかないができたので、みんなで食べる。こんどは座ってゆっくり食べる。まかないをつくるのは誰とは決まっていない。つくりたいと思う人がつくるのだ。それは日々の活動もそうだが、「仕事は自分でつくるもの」という調理クラブの精神によっている。この精神が、クラブ員の積極性を育てているのだと、僕は思う。

18時00分　終礼。明日の打合せをし、今日のクラブ活動が終わる。

❖2014年12月24日（水）

5時00分　起床。

5時40分　母の車で南ヶ丘駅へ。今日は先生と松阪の三重県地方卸売市場に行くからだ。

6時20分　松ヶ崎駅に着き、先生の車を待つ。

6時20分過ぎ　先生の車が到着。助手席に乗りこむ。2年生の中村こはくと岩波書店の森光さんが乗っている。森光さんは22日から取材にみえていて、今日もこれから行く卸売市場での仕入れを見るとのことだ。まだ太陽は出ていないが、空がどんどん明るくなってきた。

7:00　卸売市場

7:14　朝日が昇ってきた

8:20　調理室で準備が進む

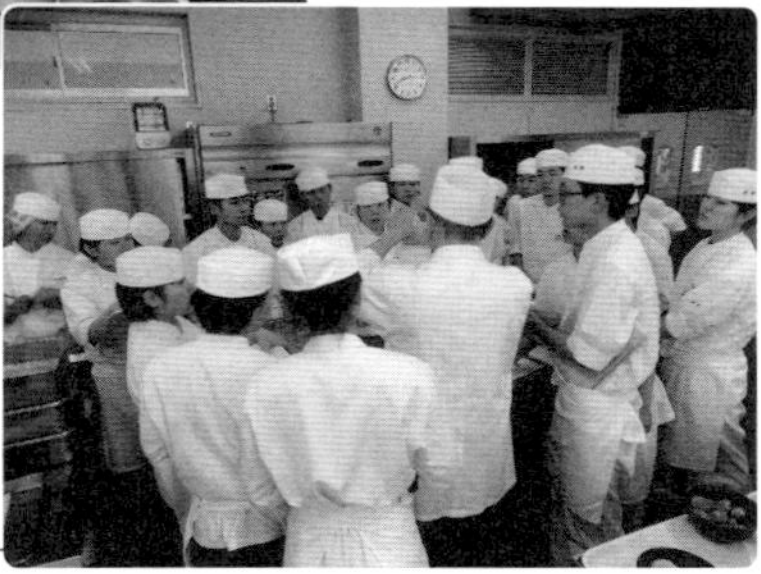

8:48　村林先生から今日の料理教室についての指示がある

9:58　相可高校での料理教室がはじまる

10:35　ロールケーキづくり教室(「まごの店」で)

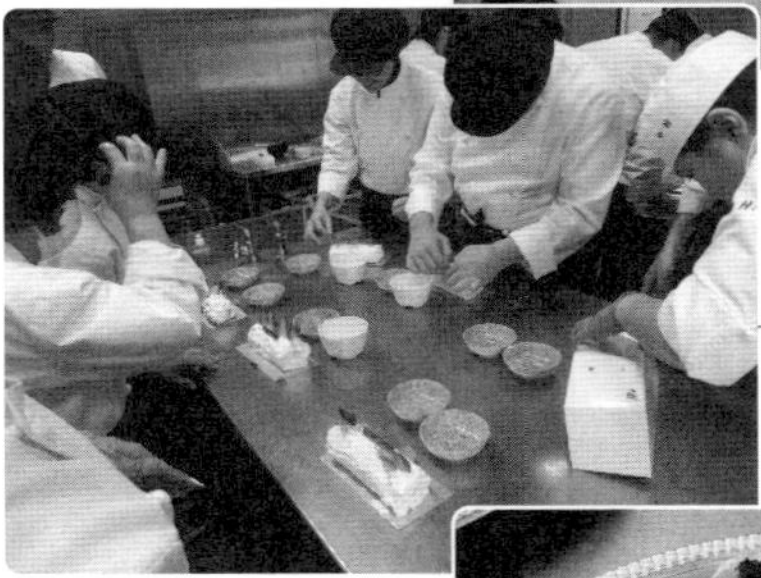
11:10　ロールケーキができあがってきた

14:44　午後の料理教室でつくった料理

7時20分 仕入れが終わり、相可高校へ。
7時40分 相可高校着。すでにクラブ員約50人が料理教室の準備をしている。僕は「まごの店」で午前、午後と2つある料理教室の担当なので、準備をはじめる。
9時00分 先生の車に、僕ら5人の生徒が乗り、「まごの店」へ。
9時15分 「まごの店」着。料理教室の最終の準備をはじめる。
10時00分 料理教室がはじまる。ふだんは先生から教わる側だが、このような料理教室は僕たちが教える側になる。どうやったらわかりやすく教えられるかなど、自分には難しいときもあるが、それがとても勉強になる。
12時00分 料理教室が終わる。まかないのうどんを立ちながら食べ、午後からの料理教室の準備をはじめる。
13時00分 料理教室がはじまる。
15時30分 料理教室が終わり、かたづけ、掃除をし、学校へ戻る。
16時30分 相可高校着。明日も学校で親子料理教室があるので、準備をする。
17時00分 終礼。明日の打合せをし、今日のクラブ活動が終わる。

おわりに

2014年12月23日、私は「まごの店」入口のドアに、つぎのようなあいさつを貼りつけました。この本にたびたび登場する3年生部員の最後の研修日だったからです。その3年生たちは、この本が刊行されるときには、相可高校を卒業しています。早いものだと思うと同時に、「まごの店」といっしょによく育ってくれたという思いでいっぱいです。本の刊行を前にして、いまの私の感慨をかんたんに述べて、この本の最後としたいと思います。


本日は、まごの店にお越しくださいまして、ありがとうございます。

まごの店も12年目、毎年約18名の生徒が、3年間の調理研修を終え、巣立っていきます。

今日は、平成26年度生の最後の研修日です。

3年前、中学を卒業し、あこがれの相可高校へ入学し、白衣に袖を通し、右も左もわからず、毎日怒られていた生徒も、もう大人の顔になりました。

日本一忙しく、泣いて笑って、相可高校生としての自覚と技術を身につけました。まご

の店の研修で感動を覚え、食を通じて心を養いました。

3年生が引退した後も、まごの店は新しいメンバーで引き続き活動いたします。より一層、おもてなしの心を持ち、美味しい料理の提供と、サービスに努めます。

今後とも、今まで以上にごひいきのほど、よろしくお願いいたします。

相可高校調理クラブ　顧問　村林新吾

今日もたくさんお客様が来てくれるかな？「まごの店」をはじめてから、毎日の心配事です。生徒に、しっかりとした調理の技術を身につけ、社会に出られるようにつくった「まごの店」。ほんとうにこれでいいのかな、忙しすぎないかな。1日の終わりに生徒の顔を見れば、不安は吹き飛びました。人も料理も、仕込み次第。みんないい顔しています。

新入生が、白衣の高校生に憧れて、今年も入学します。あどけない不安そうな顔、やんちゃな顔。さあ、また3年間、ともに励ましあいながら料理をつくろう。前掛けのひもをギュッとしめて、包丁研ぎからはじまります。

2015年3月15日

村林新吾

村林新吾

1960 年三重県生まれ．三重県立相可高等学校食物調理科教諭．専門調理師．調理クラブ顧問．大阪経済法科大学卒業．大阪あべの辻調理師専門学校卒業．同校で 10 年間教えた後，相可高校食物調理科創設時に赴任．著書に『高校生レストラン、本日も満席。』『高校生レストラン、行列の理由。』(以上，伊勢新聞社)『高校生レストランひみつのレシピ』(監修．伊勢新聞社)など．

相可高校調理クラブ

2002 年発足．食物調理科の生徒で構成．高校生レストラン「まごの店」を運営．村林新吾先生に指導を受ける．編書に『ちゃんとごはんクッキングブック』『同②お弁当編』（以上，マックスバリュ中部）がある．

高校生レストランまごの店
おいしい和食のキホン　　岩波ジュニア新書 800

2015 年 3 月 20 日　第 1 刷発行

著　者　村林新吾《むらばやししんご》　相《おう》可《か》高校《こうこう》調理《ちょうり》クラブ

発行者　岡 本　厚

発行所　株式会社 岩波書店
〒101-8002 東京都千代田区一ツ橋 2-5-5
案内 03-5210-4000　販売部 03-5210-4111
ジュニア新書編集部 03-5210-4065
http://www.iwanami.co.jp/

印刷・精興社　製本・中永製本

ISBN 978-4-00-500800-1　　Printed in Japan

岩波ジュニア新書の発足に際して

きみたち若い世代は人生の出発点に立っています。きみたちの未来は大きな可能性に満ち、陽春の日のようにひかり輝いています。勉学に体力づくりに、明るくはつらつとした日々を送っていることでしょう。

しかしながら、現代の社会は、また、さまざまな矛盾をはらんでいます。営々として築かれた人類の歴史のなかで、幾千億の先達《せんだつ》たちの英知と努力によって、未知が究明され、人類の進歩がもたらされ、大きく文化として蓄積されてきました。にもかかわらず現代は、核戦争による人類絶滅の危機、貧富の差をはじめとするさまざまな人間的不平等、社会と科学の発展が一方においてもたらした環境の破壊、エネルギーや食糧問題の不安等々、来るべき二十一世紀を前にして、解決を迫られているたくさんの大きな課題がひしめいています。現実の世界はきわめて厳しく、人類の平和と発展のためには、きみたちの新しい英知と真摯《しんし》な努力が切実に必要とされています。

きみたちの前途には、こうした人類の明日の運命が託されています。ですから、たとえば現在の学校で生じているささいな「学力」の差、あるいは家庭環境などによる条件の違いにとらわれて、自分の将来を見限ったりはしないでほしいと思います。個々人の能力とか才能は、いつどこで開花するか計り知れないものがありますし、努力と鍛練の積み重ねの上にこそ切り開かれるものですから、簡単に可能性を放棄したり、容易に「現実」と妥協したりすることのないようにと願っています。

わたしたちは、これから人生を歩むきみたちが、生きることのほんとうの意味を問い、大きく明日をひらくことを心から期待して、ここに新たに岩波ジュニア新書を創刊します。現実に立ち向かうために必要とする知性、豊かな感性と想像力を、きみたちが自らのなかに育てるのに役立ててもらえるよう、すぐれた執筆者による適切な話題を、豊富な写真や挿絵とともに書き下ろしで提供します。若い世代の良き話し相手として、このシリーズを注目してください。わたしたちもまた、きみたちの明日に刮目《かつもく》しています。（一九七九年六月）